JAPAN CLASS
ニッポンがまたハードル上げてきたぞ!

定期購読受付中!!

『ジャパンクラス』は、より早く、より便利に、そしてよりお得に皆様のお手元に届けるべく「定期購読」のお申し込みを受け付けております。6冊を発売日より早く、さらにお得な価格でお届けします。詳しくは101ページ、または同封のはがきをご覧ください。

ジャパンクラス第24弾

JAPAN CLASS
ニッポンがまたハードル上げてきたぞ!

Contents

4

ニッポンの日常風景
◉夏休み

6

大特集❶

ニッポン人はラッキーだな！そんな仕事のできる公務員、見たことないわ！

◉ウチの国の公務員と代わってほしいゾ！
◉警察官が優しいってどういうこと!?
◉学校の先生に、世界中から「頑張って！」の声、続々
◉15カ国の公務員を徹底リポート！
　日本にひきかえこの国ときたら……

44

大特集❷

NYよりも！ミラノよりも！おしゃれ大国ニッポンに、世界中から熱視線!!

◉浴衣に魅せられ、浴衣を着てみて、あ〜、ユカッタ！
　◉ニッポン人がおしゃれすぎて、
　　日本になにを着て行けばいいのかワカラン！
　　◉え、……ここはまさか天国？　外国人が美容室を満喫中！
　　◉凛と佇む日本女性に、外国人ため息……

【コラム】中国賢妻はニッポンがお好き　Text by 周斌

78

※もくじと本文中のタイトルは必ずしもすべてが一致するわけではありません。
もくじは読者の皆様が即座に内容を判断できるようにという意図のもと、編集しております。

【コラム】 米国アマゾン
夏の定番・緑の渦巻きに、全米中の虫が戦々恐々！ — **80**

【コラム】 じえいたいが行く！ Text by 中村カタブツ君 — **84**

特集
ニッポン生まれのすごいヤツ！ ネジザウルスが 世界の現場で大暴れ！ — **88**
●活躍の秘密は"コマネチ角度"
●世界中が喝采！ 工業デザイン界のオスカー賞受賞！ — **98**

【コラム】 日本PRプロジェクト Text by 真紀ヴェンマン — **101**

定期購読のお知らせ

【コラム】 世界で発見！ ここにもNIPPON — **102**

特集
カラッと揚がる 日本のパン粉に 世界中の名シェフの テンションもあがる！ — **106**
●"Panko"はもはや世界の共通語

【コラム】 愛しきなんちゃって日本食＋α Text by 舩越園子 — **116**

【コラム】 ハーフ美歴女の日本史がお好き！ Text by 加治まや — **118**

【4コマ漫画】 ジャパンあるある Illustration by 二平瑞樹 — **120**

奥付 Photo by 阿部高嗣／アフロ すいか割り（愛媛県伯方島） — **122**

●本書に掲載されている外国人のコメントは、ほとんどがインターネット上に投稿されたものです。それらを日本語に翻訳して紹介しているブログから多くを引用、一部は編集部サイドで新たに訳しています。いずれも取捨選択をしています。掲載されている「日本称賛」投稿の裏側には、同じだけの反対意見があるかもしれません。（編集・発行人）

ニッポンの日常風景

日本の夏休みの短さを知った外国人のコメント

外国人「ロシアの夏休みは14週間。夏の期間よりも長い」

日本人「小学校の夏休みは、5〜6週間ってところかな」

写真●時事通信

- **アメリカは大体10週間はあるね。2カ月半だよ** 　アメリカ
- ニッポンはその半分で、しかも宿題があって部活もある。本当の意味での休みではないんだ。クレージーだよ　アメリカ
- **カナダも約2カ月で、宿題はないね。夏休みは読書する期間**
- **フランスは8週間。宿題はない。日頃も宿題はあまりないよ**
- **イングランドは夏休みが6週間。**
  北アイルランドに引っ越したら夏休みが9週間もあって「休み過ぎだろ」って思っていた。
  けど、イングランドの場合は夏休み以外の休みが多いから、それでバランスとれてると思う。宿題は出ない
- **スコットランドの夏休みは6週間。北アイルランドは8週間。**
  場所と時期によっては7週間って場合もある。
  ↑そうそう。僕の住んでたところだと4年に一度7週間だった
- イタリアは学校が終わるのは6月10日ごろで、始まるのは9月10〜12日ごろ。
  確かに14週間の夏休みがあるけど、全学年土曜日登校だし
  ↑14週間は子供には長すぎる。こんな長い休みだと学校に戻ってきたときには文字も読めなくなってるよ

↑だから宿題があるんだよ、大量の宿題が
↑夏休みに宿題？　マジで言ってんのかそれ？ **アメリカ**
↑お前ら休暇中に宿題とか出されないの？
↑宿題は課題図書のリストから１冊本を読むことくらい。
　けど、ちゃんと読んだか教師がチェックすることはほとんどない **アメリカ**
↑ブラジルじゃ夏休みの宿題はない。うちらの夏休みは14週間ね
↑ヨーロッパで夏休みに宿題が出るのはイタリアくらいだろ

●スペインは素晴らしい。夏休みは２カ月半、土曜日登校はなし

●確かにスペインの夏休みは11週間と長いけど、スペインは夏になると大半の地域がかなり暑くなるから、それは普通のこと
●スウェーデンだと夏休みは10週間。登校日は月曜日から金曜日でそんなにたくさん宿題は出ない

↑スウェーデンは最近９週間に変更になったよ

●フィンランドは10～11週間で宿題ナシ

●ノルウェーは８週間だな

●え？　夏のあいだはずっと休みってのは一般的じゃないの？
ロシア人からすると、そっちのほうがカルチャーショックなんだけど

●ポーランドは夏休み９週間とかなり長いけど、ほかの期間の休みがほとんどない

●ルーマニアだと11週間の夏休み以外に、７週間の休みがある

●リトアニアは最近新しい法律ができて、子供たちの夏休みはたった８週間になった

●オランダ在住の俺は、たった６週間しか休みがない～

●ドイツだと１年間で12週間の休みがあって、こんな感じに散らばってる
　・夏休み：６週間
　・イースター休暇：２週間
　・秋休み：２週間
　・冬休み：２週間
●うわー、ドイツがヨーロッパ諸国のなかでも夏休みが短い国のひとつだったとは知らなかった **ドイツ**
●ブルガリアでの学校の休みは、夏休みが３カ月半
●ブルガリア人だけど、ほかのヨーロッパ諸国に同情する

●うちらアイスランドに夏休みは……

↑お前らの国には夏自体ないしな

↑そもそもうちら存在してないし

写真●時事通信

webサイト『暇は無味無臭の劇薬』『キキミミ』『ハッピーバナナ』より

ニッポン人はラッキーすぎるヨ!!
そんな公務員見たことね〜わ！

"公務員"と聞くと「堅い」「安定」「真面目」など、
皆それぞれの印象があるだろうが、外国人が日本の公務員について思うことは、
「ニッポン人、ラッキーすぎる」。
自国の公務員と比較して親切、丁寧、偉ぶらないなど、
日本の公務員に対する好印象が止まらない、止まらない。
彼らは日本の公務員になにを感じ、どんな体験をしたのか。
改めて考えてみたい。

仕事よし！　サービスよし！　対応よし！

これが公務員とは！

がんばりまくる日本の公務員に、外国人が「ウチのと代わって〜」と超高評価！

融通が利かなくて、決められたことしかやらない。収入は安定しているけど夢がない……。
日本において公務員がポジティブに語られることは少ない。
しかし、日本の公務員が提供する公共サービスは世界から見れば非常に高い水準にある。
さらに、国民千人当たりに対する公務員数は先進国の中では最少レベル。
少ない人員で高レベルのサービス。日本ではちゃんとしていて当たり前、
民間に比べるとサービスが悪いとやり玉に挙がることも多い公務員について考える。

Text by Kazuki Otsuka

写真◉朝日新聞社／時事通信

国家公務員及び地方公務員の種類と数

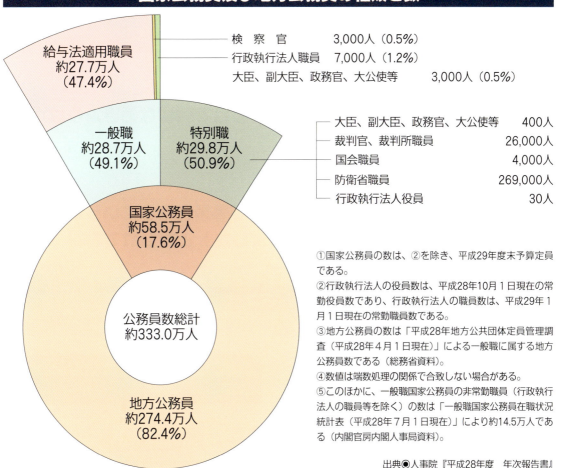

出典●人事院『平成28年度 年次報告書』

「お役所仕事」は悪口？
日本の公務員は本当にダメなのか？

　平成30年度の人事院『公務員白書』によると、日本の公務員は約330万人。公務員とひと口にいっても、国家公務員と地方公務員に大きく分けられ、全体の8割を占める地方公務員は、行政での事務処理を行う事務系、土木・建築、電気・機械関係などの専門職能を持つ技術系、幼稚園教諭や保育士、保健師、看護師などの資格を有する資格免許職、警察官、消防士などの公安系とさらに4つの職種に分けられている。

　私たちが身近に接する公務員は、たとえば区役所、市役所で受ける行政サービスへの不満が元になっている。いわゆる「お役所仕事」は、辞書にも「形式主義に流れ、不親切で非能率的な役所の仕事振りを非難していう語」と記載され、公務員＝お役所仕事というイメージが定着してしまっている。実際に役所を利用すると、担当部署をたらい回しにされたり、民間なら当然受けられるサービスが受けられない、明らかに旧態依然のやり方を変えられずにいるなどの問題は散見するが、これもすべて「世界一厳しい消費者」と言われる日本人目線でのこと。世界の多くの国は役所や公共サービス、もっと言えば、民間企業にも日本人の求める水準のサービスは期待していない。

　日本の公務員のすごさを紹介する前に、世界との考え方の差を少しだけ埋めておきたい。欧米を中心に世界の大半の国では、労働者によって提供されるサービスは有料だという考え方が一般的だ。もちろん日本でもそうなの

日本の公務員に関する外国人のコメント❶

● 日本の役所は書類が複雑すぎて面倒だけど、職員が丁寧に教えてくれる。
母国だったら絶対ほったらかしにされるところだよ **ロシア**

↑そう、あの長ったらしい手続きを除けば日本の役所はパーフェクトだ

● **日本の役所に行くと、なんなのこの書類は！**
というイライラと、なんなのこの真面目で親切な働きぶりは！
という感動が交互に押し寄せる

● 仕事に落ち着きがあると同時に効率的。日本の公務員はきちんとした仕事をしているよね

↑ **おまけに親切だしね**

● **区役所の窓口で、職員さんが小走りで書類を取りにいったのは**
驚いた。さらに「大変お待たせしました」と言われて、
全然待ってないよと思った。
これが日本で最初に驚いたできごと **アメリカ**

webサイト『パンドラの憂鬱』『海外の万国反応記』より

だが、「お客様は神様」文化が定着している日本とは感覚が違う。サービスが有料であれば、その差が金額の差になる。星がつくような高級店でディナーをするのと、ファミリーレストランで食事をする、牛丼チェーンで一人飯を済ませる。サービスの差は明確にあるとは思うが、支払う金額差以上のサービスを求めるのは日本人の悪い癖だろう。欧米ならサービスにはチップという報酬が支払われるのが通常だ。

余談だが、最近話題にあったコンビニエンスストアの深夜営業問題や、ファミリーレストランの二十四時間営業が続々と見直し、営業時間短縮になっている理由も、サービスの質と人件費、教育、人材育成にかかるコストを天秤にかけた結果とも言える。

世界ではコンビニやファミリーレストランにそれ相応のサービスしか求めないのと同様に、公務員にサービスは期待しない。システムの改善、テクノロジーの介在で効率化は図られるべきだが、利用者と職員の間にあたかも上下関係にあるかのような応対は公的機関で働く公務員が想定していないし、利用者も期待していないというわけだ。

鵜飼いも公務員？　公僕以前の公務員は名誉も実力もあった

こうした前提に立ったうえで、日本人が公務員に厳しい理由をもうひとつ挙げよう。公務員は、「公僕」とも呼ばれる。公衆に奉仕する者という意味だが、大日本帝国憲法下では官吏、公吏と呼ばれていた公務員が、第二次大戦後、国民主権となった日本国憲法に合わせて生まれた言葉だ。

明治時代の官吏の主はもちろん天皇。天皇の官吏たちは社会的地位も高く、特権階級と言ってもいい存在だった。明治以前に目を向けると、大名や貴族が公務員のような役割を担っていた。元々は中国の官僚制度が輸入されたのが発端だが、公務員試験である科挙が取り入れられなかった（根付かなかった）日本では、世襲制が主流になった。

余談にしては大きめのトピックになるが、約1300年前から続く日本の伝統漁、「鵜飼い」を行う鵜匠のなかでも、長良川の鵜匠は、国家公務員として国に雇用されている。その役職は「宮内庁式部職鵜匠」。現在でも、皇居に鮎を献上するための御料鵜飼を年8回行

っていて、天皇や皇族のほか、駐日外国大使にも供されているという。

　なぜ鵜飼いが国家公務員に？と不思議に思うだろうが、これも歴史の流れのなかの必然。律令制度下で宮廷直属の官吏として鵜飼い漁をしていた鵜匠たちに目をつけた明治政府が、皇室との結びつきを強くする思惑で、存続の危機に瀕していた長良川の伝統漁を保護、鵜匠を宮内庁の職員としたのだ。

　閑話休題。明治維新は、それまで世襲がほとんどだった公務員の登用制度と閉塞した社会を、下級武士たちが実力で破壊し、再構築したという側面がある。世襲も多少は残ったが、正統な試験を受け、新たに構築された制度のなかで採用された官吏の権限が強まったのもうなずける。日本の官僚制度に問題はあっても、実務面では優秀だと言われるのは、明治期の制度設計がしっかりしてからだと評価する向きもある。

　要するに明治、戦前の昭和を通じて、官吏はその実、偉かったし、庶民から見れば「偉そうだった」。鼻持ちならなかった役人が、戦争を経て突然、庶民に奉仕する「公僕」になったのだから、世間の目が厳しかったのは言うまでもない。

　加えて現代では、公務員の給料が税金で賄われていることが公務員への厳しい目につながっている。不況時にも安定した給与を得て、年功序列で昇給していく。こんな公務員の在り方は、一般庶民から見れば納得が行かない面も多々あり、不祥事やミスが起きれば「税金泥棒」と揶揄される。

日本の公務員は少数精鋭？効率は世界有数

　公務員への漠然とした批判めいた感情の正体を解き明かした？ところで、日本の公務員もがんばっている、世界から見たらもっと評価されてもいいのかも？という話に移りたい。

　日本の公務員の数は多いか少ないか？　人が余っていてあまり仕事をしなくてもいいというイメージを描いている人もいるかもしれないが、日本の公務員は先進国のなかでも最

長良川の鵜飼いのほかにも、変わったところでは日本最古の古典音楽「雅楽」の楽師たちも宮内庁所属の公務員だ。雅楽は1955（昭和30）年に国の重要無形文化財に指定され、楽師全員が重要無形文化財保持者となっている。写真●AMATI

人口千人当たりの公的部門における職員数の国際比較

出典◉人事院『平成28年度　年次報告書』

少レベル。人事院の公開している「人口千人当たりの公的部門における職員数の交際比較」では、フランス89.5人、イギリス69.2人、アメリカ64.1人、ドイツ59.7人に対して、日本は36.7人。公務員の定義にはさまざまあるため、一概には言えないが、公共サービス型国より充実しているとしたら、日本の公務員は少数精鋭ということになる。

むしろ憂慮すべきは、人口集中、地方の極端な人口減少による公務員不足。限界集落や過疎地域にも公的サービス、インフラはある程度の水準で必要なのは明白で、このままの人員でそこに手当てできるのかという問題もある。

現実がどうあれ、全国いかなる地域でも均等に同水準の行政サービスを提供するのが常識だった時代と、自治体によって人口や税収に大きく差が開いている現在では、やり方を変える必要もある。2040年には「公務員の数が半減する」という予測データも公開されているが、労働人口の減少ほど問題視されていない。

「役所なんだからやって当たり前」と思っていたことが、現実問題として立ち行かない時代が来る可能性がある。それでも、先進国のなかでも特に少ない人員で世界がうらやむサービスを提供している日本の公務員は、もう少し褒められてもいいのではないだろうか。

公共事業のストライキがない国ニッポン

日本の警察の優秀さ、救急救命にも貢献する消防士など、個別に取り上げたい公務員の活躍はたくさんあるが、「公務員」というくくりで見たときに海外との大きな差となるのが「ストライキ」ではないだろうか。もちろん国にもよるが、海外では頻繁にストライキが起きる。

海外旅行中、留学中、交通機関、公共機関のストライキで立ち往生した、予定していた移動手段が使えず途方に暮れたという人もいるだろう。海外在住で滞在期間が長い日本人はストライキに対しても慣れたもので、「そういうものだ」と受け入れているようだが、電車の遅延や運行ダイヤのいい加減さより、そもそも機能がストップしてしまうストライキを容認しているのを不思議に思う人も多いだろう。

海外では、ストライキは労働者の権利として重んじられているのに日本ではその点が軽んじられている。だからストライキがないという説もあるが、実は日本の公務員にはストライキが認められていないのだ。国家公務員法第98条および地方公務員法第37条には、公務員のストライキを禁じる条文が明記されている。戦後まもなくは一部例外があったよ

日本の公務員に関する外国人のコメント❷

◉ **日本人の仕事に対する姿勢は天下一品。
彼らは仕事に強い誇りを持っている**
　◉ 日本に住んでいると、ゴミの収集から地方、国の運営まで、行政がしっかり働いている。
　　小さな町の公務員がテキパキと仕事をしているのを見て実感した

◉ **だらだらと仕事もしないで偉そうにしているウチの国の役人に、
日本人の働きぶりを見せてあげたい** インドネシア
　◉ アイルランドから日本に来たけど、役所での待遇が天と地ほど違うよ。
　　こんなに親切な公務員はどこの国にもいないんじゃないかな

◉ **日本の役所ではどの職員に聞いても、正しいことを教えてくれる。
当たり前のようだけど、イギリス、アメリカ、香港、
スペインと住んできて、初めての経験** イギリス

◉ **結論、日本に世界を統治してほしい**

webサイト『パンドラの憂鬱』『海外まとめネット』『こんなニュースにでくわした』より

うだが、現行体制、戦後の日本においては公務員のストライキは禁止されている。

　日本国有鉄道（国鉄、現在のJR）と日本専売公社（現JT）、日本電信電話公社（現NTT）の三公社と、郵便局などの五現業は国の直轄から離れ、公共企業体になったが、三公社五現業の職員に対しては公共企業体等労働関係法で、同じようにストライキが禁じられていた。しかし1975（昭和50）年、「ストライキ禁止に異を唱えるストライキ」が起きる。この「スト権スト」は、サービスを受ける一般市民からすこぶる不評で、日本における "ストライキ・アレルギー" を生む原因になったとも言われている。

　ストライキが原因で電車が止まる、飛行機が飛ばない、電話が通じない、郵便が届かないなどの事態は多くの日本人にとっては想定外の出来事だろう。このことを「労働者の権利意識、権利を尊重する意識が低すぎる」と憤るか、ストライキが起きたら不便で困る、実害もある、と思うかは意見が分かれるところだが、個人の権利よりも全体の利益、公共の秩序を優先させるのはいかにも日本人的な考え方といえるのではないだろうか。

個人の権利より公共性
公務員が "公僕" である矜持

　では、民営化された公共事業体はストライキを起こしたことはないのか？

　実は2018（平成30）年、JR東日本の最大の労働組合「東日本旅客鉄道労働組合」がJR史上初めてのストライキを計画していた。首都・東京の環状線、山手線をはじめ首都圏各線、東北・上越新幹線をはじめ約7500キロメートルの営業路線を持ち、輸送人員約1700万人を誇る世界最大級の鉄道会社であるJR東日本がストライキを起こすとなれば、それこそ日本の経済は大混乱に陥る。しかし、このストもいかにも日本的な配慮に満ちたストだった。労働組合が予告したストには「列車運行に支障をきたすことはない」という注釈がつけられていた。彼らが予定していたのは「本来業務以外の」の業務を行わないという、世界から見たら「それで効果あるの？」というようなストライキだったのだ。

　結局、このストライキ計画自体が回避され、世界でも希にみる「大規模かつ最もソフトなストライキ」は幻に終わった。

13

将来なりたい職業（高校生）

男子

順位	職 業	割 合
1	IT エンジニア・プログラマー	20.8%
2	ものづくりエンジニア	13.8%
3	ゲームクリエイター	12.5%
4	公務員	11.8%
5	学者・研究者	9.5%
5	運転手・パイロット	9.5%
7	教師・教員	7.8%
7	会社員	7.8%
9	プロスポーツ選手	7.3%
10	You Tuber などの動画投稿者	6.8%

女子

順位	職 業	割 合
1	公務員	18.8%
2	看護師	12.8%
3	歌手・俳優などの芸能人	12.5%
4	教師・教員	10.8%
5	漫画家など絵を描く職業	9.8%
6	保育士・幼稚園教諭	9.0%
7	カウンセラー・臨床心理士	8.5%
8	デザイナー	7.5%
9	学者・研究者	5.8%
9	会社員	5.8%

出典◉2017年4月25日ソニー生命株式会社発表「将来なりたい職業」アンケート結果

　この計画については、JR東日本社内でも、かつての「スト権スト」を思い起こさせるという声や、実害はないといえ、利用者に打撃を与える可能性のある「ストライキ」という手段自体を問題視する声が少なくなかった。

　1987（昭和62）年に分割民営化されたJRの職員は、すでに明らかに公務員ではないが、公務員のストライキを禁じる国、日本の根底にある考え方は変わらないのかもしれない。

　海外でのストライキも、利用者の迷惑をまったく度外視して行われるわけではない。代わりの路線は動かす、代替手段としてバスなどの輸送手段を用意するといった対策は講じられている。それでも、自然災害や事故で遅延が起きただけで駅員に暴言を吐く輩もいる日本では、相当な混乱が起きるだろう。海外では、労働者の権利として「仕方ない」と捉えられているので怒り出したり騒いだりする人はほとんどいないが、国に雇用されている公務員が行うストライキには懐疑的な目を向ける人も少なくない。

「権利の国」アメリカでも、公務員とはいえないが、国民的娯楽を提供しているメジャーリーグベースボール（MLB）の選手たちが労使交渉のため1994（平成６）年から翌年にわたって長期ストライキを行ったときには、深刻な野球離れ、MLBバッシングが起きた。

　日本ではストライキがないことを問題視する声があるが、少なくとも公務員はストライキを禁じられていて、そのマインドが公共性の高い事業を担う会社、さらに一般企業に至るまで広く受け継がれている社会は、そう卑下したものではないのではないだろうか。

　将来なりたい職業のランキングでは、小学生、中学生、高校生と年齢を重ねるごとに公務員の順位や割合が増えていくという。野球選手、サッカー選手、ゲームクリエイター、YouTuberを夢見ていた子どもたちが、年齢を重ねるたびに安定を求めてなのか「公務員」を将来なりたい職業に挙げるようになる。現実を知り、方向転換することは決して悪いことではないが、日本では、子どもたちが将来の夢に「公務員」を挙げることをネガティブに語ってきた。

　安定志向、向上心のなさ、チャレンジできない日本社会の縮図……。しかし、公務員も捨てたもんじゃない。それどころか夢がある。誰もがそう言える未来がやってきたほうが、世の中はもっとよくなる気がする。

大塚一樹

（おおつか・かずき）1977年、新潟県生まれ。大学在学中から作家・スポーツライターの小林信也に師事。独立後はスポーツを中心に、ビジネス、医療、ITなどのジャンルにとらわれない執筆活動を展開している。

日本の公務員に関する中国人のコメント

● **日本の公務員はどの人も礼儀正しくて謙虚。偉そうにしている人が誰もいなかった**

↑これこそが本当の民のためのサービスだよなぁ

↑「万悪」の資本主義がまさか人民の公僕をやるとは！

● **日本の市役所で「お待たせしました」と言われたときには、心底びっくりした**

↑僕もあった！ 「失礼いたしました」なんて、中国の役所では絶対に言われない

↑これはすべて本当。すべての中国人が日本の役所の応対に驚くはず

↑ **けしからん！ 公務員には権威と威厳が必要だ！**

↑資本主義社会は生きるために人が人を喰う社会じゃなかったの？

● 日本の公務員はサービスをするのが仕事、中国の「公務員」は管理をするのが仕事だ

● **日本の役所には保安官と武装警察はいないのか？ すごい自信だな……**

↑ **門番も武装警察もいない？ それは映画かなんかのセットだな**

● **日本の公務員のサービス態度は素晴らしい。本当に神レベルだよ**

● サービスも一流だし、片言の日本語で質問しても一生懸命、こちらが理解するまで教えてくれる。みんな責任をもって仕事をしているのがわかるよね。それにひきかえ……

● 日本の役所は仕事も早いしな〜。どこかの国みたいに職員がくっちゃべっているのを待つ必要がない

↑それな。この前は並んでいる目の前で昼飯食われたわ

● 俺がびっくりしたのは日本の公務員が自転車で通勤しているってこと

● **公務員の給料が民間並みに抑えられており、過度な特権を持っていない。日本が賞賛される点はまさにそこに象徴される。そういえば共産主義ってどういう制度だっけ？**

↑ **日本が我が国に勝とうなどとは100年早い！ 中国の公務員はものすごく金持ちなんだぞ!!**

● 日本では公務員の給料は民間を越えないように調整されてるんだよね。

どこかの国のお偉いさんとは大違いだな

↑制度から民度まで、やっぱり先進国は違うよな

● **極悪非道な資本主義社会では、公務員が仕事をしなくてはいけないんだな。大変だ**

↑ **台湾がこっちに戻ってこない理由がよくわかる**

↑ **香港もな**

● みんなそう悲観的になるな。このコメントが削除されずにまだ残っているということは、中国も確実に進歩しているということだ。高望みせず、身の丈にあった喜びを感じて生きていこうではないか！

webサイト『じゃぽにか反応帳』『中国四千年の反応』より

ニッポンでは悪いことはしませんっ！by 外国人

ニッポンの警察官って、神対応かよっ！

日本は海外と比べると犯罪の発生率が低く、治安がいいイメージがあるが、
そういった印象を作り出す要因には治安を守る公務員である警察官によるところが大きい。
現時点においても日本の治安は十分いいのだが、交番システムという現場主義に基づき、
警察官は犯罪の発生件数を減らすための意識改革に日々取り組んでいる。
そんな日本の警察官の意外と知られていない職務と日本の治安、
その背景にある国民性について神奈川県警元刑事で犯罪ジャーナリストの小川泰平氏に話をうかがった。

Text by Kouhei Tokoi
Cooperation by Taihei Ogawa

写真●読売新聞／アフロ

日本の犯罪件数は2002年をピークに右肩下がり

　2020（令和２）年東京オリンピック・パラリンピックの開催が間近に迫っているが、前回のブラジル・リオデジャネイロ大会で懸念されたような治安の不安が語られることは少ない。それはなぜかといえば、日本が世界から「治安のいい国」というイメージがしっかりと認知されているからだ。

　テレビのニュースやワイドショーでは殺人や傷害に関する報道が連日のように流れるので、なかには「日本も昔は安全だったけど、最近は物騒になった」と思っている人がいるかもしれないが、日本の刑法犯認知件数（犯罪件数）は2002（平成14）年の約285万件をピークに減少へと転じており、2017（平成29）年は約91万5000件で、2002（平成14）年と比べると約194万件（67.9％）も減少した。また人口1000人あたりの刑法犯認知件数も、2017（平成29）年は戦後最少の7.2件（2002年は22.4件）となっている。

　日本に住んでいると、日本の治安のよさに気づくことは少ないのかもしれない。しかし、訪日外国人から見れば、夜間に女性がひとりで歩くことや携帯電話や財布をなくしても戻ってくることが驚きだったりするのだ。

　こうした社会の構築に貢献しているのが日本の警察と警察官で、犯罪件数が減少に転じている背景にも、彼らが行っている意識改革が大きく関係している。元刑事で、現在は犯罪ジャーナリストとして活躍する小川泰平氏は、警察が行っている意識改革について次のように述べる。

　「昔は検挙数を増やし、検挙率をあげることに力を入れていましたが、犯罪件数がピークに達した2002（平成14）年ごろから犯罪件数を減らす方向に転換、その結果、犯罪件数は徐々に減少しています。防犯カメラ解析システムやDNA鑑定の進化もあって捜査の精度は飛躍的に高まってはいますが、それでも犯人を捕まえるというのは大変なので、それならば犯罪をさせない仕組みを作ったほうがよいということで方針転換した結果、現在の数字につながっているのです」

　『平成30年警察白書』によると、警察では2003（平成15）年を「治安回復元年」とするため、「犯罪が発生してからの対応だけではなく、発生そのものを防止する」「警察の防犯・検挙活動のみならず、（中略）国民一人一人や関係機関・団体による自主的な防犯活動を促進することにより、犯罪に強い社会を構築する」など、新たな総合的な犯罪対策の推進を開始した。そのために取り組んだのが交番機能の強化だったが、この交番システムこそが、日本の治安がいいというイメージ構築に大きく貢献しているのだ。

パトロールや巡回連絡で管内の"日常"を把握する

　そもそも交番とは「交代で立ち番をする」という語源から派生した名称で、「派出所」と混同されがちだったが、1994（平成6）年から「交番」に統一されている。

　警察学校を卒業した新人警察官は、まずは交番勤務から警察官としてのキャリアをスタートさせる。交番は警察のなかでもっとも市民に近い場所にあり、若いうちに現場を見て、知ることは、その後の警察活動にも大いに役立つのだ。

　遺失物・拾得物の取り扱いや道案内、相談の受理、事務作業など、交番の仕事というのは意外と多く、もちろん、近くで交通事故が起きれば対応し、管内でトラブルや事件が発生したときは真っ先に駆けつけて対応する。要するに"なんでも屋"で、あらゆる事件を対応、処理する治安の担い手でもあるのだ。

　そして、交番勤務で欠かせない職務が、管内を徒歩や自転車、ミニパトカーなどで巡回するパトロールや、管内の各家庭や事業所などを訪問する巡回連絡である。

　警視庁が定めた「防犯パトロールマニュアル」には、パトロールのおもな役割について

「犯罪を未然に防止する」「犯罪や事故が発生しやすい危険な場所の点検」などと記載されており、困っている人を見かけたら助けるのはもちろん、不審な車両や人物を見かけた場合は職務質問を行う。

「なかには職務質問をされると嫌な気分になる方もいるかもしれませんが、私は基本的にたくさん職務質問をすべきだと思います。犯罪者というのはほかの人と態度や目線が違ったり、警察官が話しかけると身構えたりするので、そういった犯罪者特有の"違和感"を肌感覚で知ることは非常に大事です。キャリアが浅いうちは服装や髪型が奇抜、ヒゲを生やしているなど、見かけだけで判断して職務質問をしてしまうこともありますが、経験を重ねるうちに、徐々に"本物"が見極められるようになるのです」（小川氏）

パトロールや不審な人物に声をかけることで管内の実態を掌握し、各家庭や事業所を訪れる巡回連絡を行うことで、地域や住民との関係をさらに深めることができる。

「交番勤務の警察官には自分の受け持ち地域があって、基本的にはその地域内の家庭や事業所などが訪問対象となります。訪問頻度の目安は基本的に年1回以上ですが、ひとり暮らしのお年寄りなど、何回か訪れたほうがいいと判断すれば、それ以上行く場合もあります。巡回といってもそんなに仰々しいものではなく、『何か困っていることはありませんか？』と聞くぐらいですが、こうした地道な活動が治安を守り、地域や住民と良好な関係を保つのに貢献しています」（小川氏）

また、人通りが多い交番前や駅などでお巡りさんが立っている「立番」を目にすることも多いが、これも大事な交番活動のひとつである。立番の頻度は各警察本部によって異なり、「朝と夕方、それぞれ1時間ずつ」と定めている場合もあれば、警視庁（東京都を管轄する警察組織）のように立番を原則とする場合もある。

同じ場所でずっと立っていると、月曜の朝はこんな人がいて、水曜の夕方にはこんなことがあってなど、徐々にその地域の日常が見えてくる。そして、その日常とは異なることが生じると、「なにかあったんだろうか？」という違和感を覚える。もちろん、それが直接事件につながるわけではないのだが、交番活動では日常のちょっとした違和感まで感じとる。こうして鍛えた犯罪に対する嗅覚が、のちの警察活動にも大きく役立っているのだ。

海外にも輸出される「KOBAN」システム

小川氏は、交番活動の意義について次のように述べる。

「交番の仕事には事件やトラブルの解決もありますが、市民や地域の『普段』を知ることがとても大事です。たとえば、普段は月曜が休みのお店が金曜に休んでいたら、『どうしたんだろう？』となる。普段を知らなければ、こうした感覚は出てこないので、自分が受け持つ地域がどんな日常を過ごしているのかを細かな部分まで知っていることが、交番勤務のお巡りさんの最大の強みともいえます」

事件が発生すると捜査本部ができるが、所轄の警察官も本部の刑事とコンビを組むなどして捜査に加わる。それはなぜかといえば、所轄の人間は事件現場周辺の日常を知りつくしているからだ。さらに、聞き込みでも巡回連絡などで関係性を築いているので、住民からスムーズに情報を入手することもできる。

刑事ドラマでは、「本部はエリート、所轄は小間使い」なんて描かれ方がされることもあるが、実際には所轄の力なくして事件の解決にはつながらないので、エリート女性管理官が「所轄は朝まで管内の警備でもしていなさい」と言い放つようなこともないのだ。

交番システムは日本特有のもので、海外には存在しなかったが、地域に根差した治安維持、ならびに現場主義に基づいた警察官の育成など、さまざまなメリットがあることから、現在では「KOBAN」として、アメリカのハワイやニューヨーク、シンガポール、オース

日本の警察官の対応に関する外国人のコメント

【緊急時の対応について】

- 日本の警察は優しいし。傷つけることをしない！ `フィリピン`
- アメリカの警察「抵抗するなーっ（パンッ、パンッ）」 `アメリカ`
- アメリカの警察よ、君は日本に負けているわ。しかもダブルスコアで `アメリカ`
- モントリオールの警察官も日本の警察官を見習うんだ。銃で撃つなんてことはもうやめてほしい `カナダ`
- 日本の警察官は絶対にむやみに発砲したりしないからなぁ
- **丁寧なんてもんじゃないな。**
  日本以外なら抵抗すれば即撃たれるよ `ドイツ`
- ロシアの警察官と比べたら、日本の警察官は聖人みたいなもんだ `ロシア`
- 俺の国だと抵抗する相手は壁に押しつけて、唐辛子スプレーを顔にかける。
  それで地面にねじ伏せるだろうな `スウェーデン`
  - ↑君の国は日本の警察官に来てもらったほうがいいのでは `スイス`
- 日本の警察官よ、ドイツに来てくれ `ドイツ`

【平時の対応について】

- 日本の警察官はリボルバーを携帯しているけど、20年以上日本で暮らしていて、
  一度も警察官が発砲した音をきいたことがない。
  そのかわり、彼らはコミュニティをサポートしたり、カルガモの手助けとかしている `アイルランド`
- 沖縄で何度か交番を目にしたけど、市民の日常を助けることで大忙しって感じだったな `アメリカ`
- **日本の警察官ってフレンドリーで礼儀正しいんだ** `アメリカ`
- 道をきくとき、落しものをしたときでも日本の警察官にはいつでも気軽に助けを求められる
- この前、日本に行ったときに交番で道をきいたんだけど、
  私のヒザから血が出ているのを見た警察官が絆創膏と消毒液をくれたよ `アメリカ`
- ロシアで警察官に道をきいたら、事務所に連行されて荷物検査された。
  日本で警察官に道をきいたら、教えてくれるだけじゃなくて、
  行き先の銀行が閉まっていることまで教えてくれた
- 日本の警察官は近寄りやすいっていうのもあるよね。
  日本で道に迷ったら、交番に行くっていうのが常識だけど、自分にはまだそれがしっくりこない
- 北海道から自転車で日本を縦断したときにパートナーが動けなくなって交番に行ったんだよね。
  そうしたら、暖かい部屋でカップラーメンを食べさせてくれた。寝る場所が見つからなかったから、
  公園がないかきいたら、今夜は警察はなにもしないから好きなところで寝なさいって言われた
- 東京で3カ月暮らしていた。何度かお酒が入っているときに警察官と話したことがあるけど、
  いつもフレンドリーな雰囲気だったよ。
  おそらく日本の警察官は世界でいちばん対応が丁寧だろう。
  彼らは一般市民を困らせるようなことは滅多にしないんだ `トルコ`
- そういえば、サイレンを鳴らしたパトカーが赤信号につかまったとき、
  道を譲った歩行者にスピーカーで感謝しているところを目撃した。私は「え———っ」ってなったよ。
  日本の警察官は礼儀正しいし、素敵な人が多い `アメリカ`
- **日本の警察官は素敵すぎるって。涙が出てくるよ**

webサイト『パンドラの憂鬱』『どんぐりこ』『翻訳したらこうなった』より

19

日本の警察官に関する外国人のコメント❶

● **日本は犯罪者が警察官に発砲しない社会なんだ。だからいいんだ**
　↑年間６件しか警察の発砲がないとか、スゲーなぁ　バングラディシュ
　↑それで社会が機能するなら、断然いいよ　アメリカ

● 銃を所持している人の割合が0.09％って衝撃的すぎる　イラク

● 銃規制は関係ないな。俺は日本で２年暮らしていた。日本人は心のあり方からして違うんだよ。
　モラルも価値観も、俺の国の人間とは大違いだ。とりあえず銃規制は治安とは無関係だよ

● **俺が日本にいた頃、酔っ払った米兵を日本の警察官が
　警棒を使って４秒ぐらいで押さえているのを見た。**
　体格差がかなりあったにもかかわらずだ。やっぱり銃なんて必要ないんだね　アメリカ

● **犯罪者を鎮めることを重視しているっていうのはすばらしい。
　アメリカではそういう概念はなくなってしまったけれど**　アメリカ

● **日本で暮らしているんだけど、旅行に行くときに
　玄関のドアに鍵を差しっぱなしで出かけちゃったの。
　でも、数日後に帰ってきたとき、なにも盗まれていなかったよ**

● 日本人はエゴイストじゃないし、他人を尊重するし、文化レベルが高く、愛情深い人が多い。
　だから犯罪率が世界最低レベルなんだよ　リトアニア

● **警察が忙しくないなんて、最高のことじゃないか**　スイス

● 仕事が少ないから、私が交番に道をききにいったとき、彼らのテンションが明らかにあがったんだ　オランダ

● 文化の違いが警察官に露骨にあらわれるものなんだね　カタール

● **アメリカは日本を模範にしましょう。本当に**　アメリカ

● **日本は規律の帝国。犯罪が少ないのは当然**　フィリピン

● 我が国も日本みたいなシステムを取り入れよう。やるつもりなら俺は全力で支持するぞ　カナダ

webサイト『パンドラの憂鬱』『どんぐりこ』『ラカタン』『翻訳したらこうなった』『ニッポンの翻訳』より

トラリアなど、世界各国に輸出されている。

なかでも、ブラジルのサンパウロ州では交番勤務を導入したことで凶悪犯罪が大幅に減少し、その結果、ブラジル政府は交番など日本式の地域警察活動を全国的に導入することを2019年４月に発表している。治安改善という成果も出ていることから、日本発の「KOBAN」は、今後さらに多くの国へ浸透していくことだろう。

犯罪の抑止力になっている
防犯カメラの進化

　日本の警察官は現場主義によって治安の維持に努めているが、犯罪件数が減少しているもうひとつの大きな要素が、「犯罪抑止力」の向上である。『平成30年警察白書』にも抑止力を高めるための取り組みとして、「街頭防犯カメラの設置」「防犯ボランティア活動」などがあげられているが、特に大きな効果を発揮したのが防犯カメラである。

　現在は民間も含めると全国に約500万台設置されているといわれており、加えて以前に比べると画像の解析レベルも段違いに向上している。

　「警視庁で画像解析を行っているのは刑事部の捜査支援分析センター（通称SSBC）で、いまや顔がわからなくても分析できるほどの

レベルになっています。昨年10月のハロウィンでは暴徒化した数人が自動車を倒して話題になりましたが、画像解析によって犯人は全員逮捕されています。なかには防犯カメラ対策として服を着替える者もいましたが、やはり捕まっている。防犯カメラを解析すれば、すべてのルートをあぶり出すのは困難ですが、あらゆる場所に設置された防犯カメラという点を線でつなぐことで行動をチェックできるので、もはや防犯カメラが街中に設置されている東京都内なら、なにか犯罪を犯せば、追跡されて捕まる可能性は限りなく高いといえるでしょう」（小川氏）

「防犯カメラのおかげで犯人が捕まりました」とニュースで報じられれば、それだけでも犯罪を思いとどまらせる、あきらめさせるといった抑止力につながる。現在は防犯カメラの価格も以前より安くなり、しかも精度が向上しているので、今後も犯罪件数を減らすのに大いに役立つと思われる。

また、交番勤務の職務でもあるパトロールや職務質問も、犯罪の抑止に結びついている。最近はパトロールをする白バイやパトカーを以前よりも多く見かけるようになったという声もあるが、これも犯罪抑止力を向上させるという警察側の狙いが含まれている。

「最近は一般道でも白バイを見かける機会が増えていますが、昔は高速道路に限られていました。白バイというのはやはり目立つので、これも犯罪の抑止につながります。悪いことをしたら捕まえるのも大事ですが、小さな犯罪でも捕まったら『前科1犯』になり、その後の人生に影を落とすことになります。だから犯罪をさせない仕組みづくりが大事なのです」（小川氏）

白バイやパトカーを見かけて安全運転を心がける人はいても、逆に運転が乱暴になる人はまずいない。また、警察官が職務質問している様子を見て犯罪を思いとどまる人がいても、逆に犯罪をしようと決意する人はいない。小さなことかもしれないが、こうした警察官一人ひとりの地道な職務の繰り返しが、積も

り積もっていくことで治安を守っているのだ。

防犯カメラだけでなく、最近はAI（人工知能）も捜査やパトロールに役立っているが、一方で、警察にはさまざまな歴史や伝統があり、それがしっかりと受け継がれている。

「日本の警察制度が確立されたのは明治時代に入ってからですが、江戸幕府が設置した火付盗賊改方など、警察組織というものはそれ以前からありました。現場に残された状況から、犯罪データや心理学などをもとにして犯人を推理するプロファイリングはアメリカの連邦捜査局（FBI）からはじまったように思われていますが、日本では火付盗賊改方の時代からそうした手法で捜査をしており、そしてそのノウハウが蓄積されていまにつながっているのです」（小川氏）

日本の警察制度を確立した薩摩藩出身の初代大警視・川路利良が警察のあり方を示した『警察手眼』は、いまも警察官のバイブル的存在として読み継がれている。

たとえば、「探索の道、微妙の地位至りては『聲なきに聞き　形無きにみる』が如き、無声無形の際に感覚せざるを得ざる也」という文言があるが、これは「警察官は声なき声に耳を傾け、表面的なものや外形的な現象にのみとらわれず、奥に隠されたものを見逃さずに真実を見つけ出すことが大事である」という意味で、現在の警察官にもしっかりと通じる言葉である。

日本人自身が築きあげている日本のモラル

このように日本の警察は伝統をしっかりと受け継ぎながらも現状に満足せず、つねに模索することで安全で治安がいい社会をつくり出しているが、だからといって日本の警察が他国と比べて飛び抜けて優秀だから治安が守られているわけではないと、小川氏は言う。

「たとえば、アメリカなどは銃社会ですから、いつ撃たれるかわからないので、犯人を捕まえたらまずは手をあげさせる。日本でそれを

日本の交通機動隊（白バイ隊）に関する外国人のコメント

- 市民の安全を守るために日本の白バイ隊員は何十時間もトレーニングを重ねているんだろうな **メキシコ**
- **バイクが体の一部になっているようだ** **フランス**
- 日本の白バイ隊員の運転テクニックに心の底から感銘を受けました！ **カナダ**
- 俺も日本の白バイ隊員ぐらいバイクを自由に扱えるようになりたい！ **ブルガリア**
- ちくしょー、あんたらカッコよすぎだー！ **ロシア**
- **バイクにまたがる侍たちって感じだ** **オランダ**
- **日本の白バイ隊員の技術をバイク免許試験の基準にしよう。そうすれば事故もなくなるよ** **ベルギー**
- 白バイ隊員と一緒にトレーニングしてみたい！　彼らは世界最高クラスのライダーでしょ！ **アメリカ**
- 違反者を取り逃がすってことは絶対にないんだろうなぁ **イタリア**
- 日本の白バイに狙われたら、逃げるのは絶対不可能だね **プエルトリコ**
- **日本の白バイ隊員から逃げるなんてことは、まず無理だね** **ベトナム**
- 白バイ隊員から逃げようなんてことは考えちゃダメだぞ！ **シンガポール**
- 白バイ隊員が抑止力となっているから犯罪が少ないのか。犯罪が少ないから練習時間が多いのか **ブラジル**
- **日本の白バイ隊員はビーストだな。やはり規律に勝る力はないかもしれない** **ブラジル**
- 俺の国の警察官がやることといえば、なんでもないことで車を停止させて、横柄な態度で取り締まるだけ。しかもガムを噛んでいてなにを言っているかわからないし **ルーマニア**
- たぶん、ダッシュボードから拳銃が出てくる心配がないから、白バイ隊員も素敵な対応ができるんだろうね

webサイト『パンドラの憂鬱』より

やったらやり過ぎだと叩かれますが、こうした違いがあるのは、それぞれの国によってモラルの事情が異なるからです」

　日本では、交通違反をした車に対してパトカーが「そこの車、停まりなさい」と呼びかけると停車するが、なかにはさっさと逃げてしまう国もある。こうした日本人には当たり前のモラルこそが、日本の治安のよさにつながっているのだ。

　「日本の警察がすばらしいから治安がいいというわけではなく、日本に住んでいる人たちがすばらしいから治安がいいのです。そもそも日本では、家庭や学校での教育によって犯罪に手を染めない人格形成がなされており、社会に出る頃にはそういったモラルが大体できあがっているのです」（小川氏）

　昨今の痛ましい事件はあるが、それはごく少数であって、しかもそういった事件がメディアで発信されることによって、人々はモラルの大切さを再確認する。こうした日本の風土、土壌、文化が、日本の安全や治安のよさというものを築きあげているのである。

小川泰平

（おがわ・たいへい）犯罪ジャーナリスト。1961年、愛媛県生まれ。元神奈川県警刑事。捜査３課、国際捜査課などで第一線の刑事として主に被疑者の取り調べを担当。知事褒賞のほか、警察局長賞、警察本部長賞など受賞歴は500回以上におよぶ。2009年10月退官後は、著書『警察の裏側』（イーストプレス）、『ニッポンの刑事たち（世の中への扉）』（講談社）、『「刑事ドラマあるある」はウソ？ホント？元刑事が選ぶ本当にリアルな刑事ドラマ大全』（東邦出版）など執筆多数。犯罪ジャーナリストとして元刑事の経験を生かし、テレビ出演も多数。

常井宏平

（とこい・こうへい）編集・ライター。1981年茨城県生まれ。中央大学文学部社会学科卒。主に歴史やタウン系などの記事を執筆している。書籍に『沿線格差　首都圏鉄道路線の知られざる通信簿』（SBクリエイティブ）、『戦国武将　伝説の"通り名"』などがある。

日本の警察官に関する外国人のコメント❷

日本は警察官ですら礼儀正しいのか？
どうして欧米の警察官の態度が悪いのかわかっているけどね。社会自体がとても腐敗しているからだ `アメリカ`

- 日本の警察官は敬意を持っているし、辛抱強いんだ `フィリピン`
- 忍耐強さはすごいよ。俺の国だったら `ブラジル`
- ひとりのために大勢の警察官が駆けつけるのは当然だ。相手はかなり興奮しているわけだし。
俺は日本の警察の対応を賞賛したい `アメリカ`
- 日本の警察官はとても礼儀正しくて、思いやりがあるな `アイルランド`
- 対応が丁寧すぎて笑っちゃったよ。アメリカの警察も日本を参考にしたほうがいいね `トルコ`

日本の警察官は世界でいちばん品があるよ。粗暴な感じはないし、腐敗もなくて攻撃的でもない。いつだって笑顔であいさつしながらやってくるんだ。なにか問題があって警察に行ったとき、自分の国よりも日本の警察に行ったほうが、はるかにいい気分で帰れる `アメリカ`

- 僕は日本で暮らす外国人として日本のルールを守っているし、いつも親切に接してくれるから
日本の警察官のことも好きだ。日本に来てから差別だって一切受けたことないよ `トルコ`
- 日本の警察官の態度に文句をいってたら、メキシコの腐敗した警察官なんてどうなのよって感じ `メキシコ`

日本の警察官にパスポートを見せるよう求められたんだけど、とってもフレンドリーで、時間をとらせたことについても謝ってくれた。アメリカの警察官、頼むよ！ `アメリカ`

- ウクライナでは警察官に止められたら最後、ワイロを渡すまで違反行為がないか粗探しされる `ウクライナ`
- 俺が日本で牛丼屋にいたとき、警察官が入ってきて、店にいた男を逮捕したんだけど、
警察官はその男が牛丼を食べ終わるまで連れ出すのを待っていたよ
- 運転中に停止を求められたことも何度かあったけど、会話はいつもお辞儀とあいさつからはじまるの。

私が生まれた国とは本当に真逆といっていい

- 交通違反をして警告の紙をもらったことがある。その警察官は注意深く僕に警告を与えたあと、
時間をとらせたことを謝っていたよ。なんか変な気分だったね
- カナダの警察官も丁寧に接してくれる人が多いけど、違反したときに礼儀正しい人なんかいないよ！ `カナダ`
- ドライバーも素直な人間ばかりだと、警察官も優しいんだろうなって思ったわ `オーストラリア`
- クソッ！もし俺の国の警察官から日本の警察官みたいな対応されたら、もらしちゃうかもしれねぇ！ `アメリカ`

俺は警察が大嫌いだ。だけど日本の警察だけは別だ。
警察官が優しく接してくれるなんてこっちじゃありえないよ！ `ウルグアイ`

- アメリカの警察官の態度が日本より悪いのは、こっちの人間の態度が一般的に日本より悪いからだ `アメリカ`
- 気持ちがよくて品のある警察官が多い。北米に住んでいる人間からすると、非現実的ですらある `カナダ`

こっちが礼儀正しくなかったら、かなりおっかなくなりそう `イギリス`

でも実際のところ、日本の警察はかなり怖いよ。絶対に法律を犯すのはやめようって気になるもん `カナダ`

- なんてこった。どんな極悪人も日本の警察からは逃げられないな

webサイト『パンドラの憂鬱』『ニッポンの翻訳』『ラカタン』より

23

教え子想いの
ニッポンの先生に
世界中がエール！

だれしもが必ずお世話になる公務員といえば、教師（以下、ここでは教員と記す）ではないだろうか。その役割は大人になる上で欠かせない学力指導、そしてお互いの自由を尊重するために必要なことといった人間教育にある。
我々にとってもっとも身近な公務員といえる教員がいま、あらゆる問題に直面している。
現役の教員の証言を元にその現実について掘り下げる。

Text by Shigeki Seike
Cooperation by EDUPEDIA

写真◉PIXTA

日本の教育は世界トップレベル!

　多種多様な公務員のなかでも、一般的な日本人にとってもっともなじみ深いのがおそらく教師（以下、ここでは教員と記す）ではないだろうか。もちろん、小学校から私立校に通うという人もいるが、あくまでも少数派。大多数の日本人は、小学校、中学校と、義務教育を受ける９年間にわたって公務員である「先生」たちのお世話になる。

　しかも、ただ長期にわたってお世話になったというだけのことではない。われわれは先生たちによって世界トップレベルの学力も授けられている。経済協力開発機構（OECD）が15歳児を対象に行っている学習到達度調査（PISA）2015年版の結果をみれば、「科学的リテラシー」「数学的リテラシー」という２分野において、日本はOECD35カ国中トップの成績を残している。

　また、残る「読解力」という分野でも６位という結果であり、義務教育の成果という点では、先生たちの努力の甲斐あって、日本は世界トップレベルに君臨しているのだ。

長い長い教員の1日

　ところが、そんな成果を出し続けてきた日本の教員たちがいま、さまざまな問題に直面している。ここでは、ふたりの現役教員の業務を追いかけながら、その問題点に触れていく。協力してくれた現役教員のひとりは、校長、副校長、教頭に次ぐ主幹という役職に就くベテランの公立小学校教員（以下、ベテラン教員）。もうひとりは、公立中学校で英語科を担当して３年目の若手教員（以下、若手教員）である。

　出勤時間はともに朝７時。学校の始業時間の１時間ほど前から、教員たちはすでに職場である学校に到着している。それには明確な理由がある。そもそも、始業前にしかできない仕事があるのだ。

　「朝のほうが自分の仕事に集中できますから。ある程度の年齢になると、ほかの先生たちからいろいろと相談されることが多くて……。それこそ放課後になれば、同僚の先生たちへの対応のほかにもいろいろやることが多いので、授業の準備など自分の仕事は早めに出勤してやるようにしています」（ベテラン教員）

　それでいながら、このベテラン教員の退勤時間は「だいたい夜の９時くらい」だという。じつに14時間もの勤務時間ということになる。とはいえ政府が推進する「働き方改革」により、これまでのように長時間の残業をすればすぐに改善を指導されるため、大量の業務を残業でこなすことも難しくなってきているという。

　そもそも、日本の教員には授業以外の業務が多すぎるというのが最大の問題点である。海外の多くの国では、教員の業務は主に授業に特化している。ところが、日本の教員は授業に加えて生徒指導や部活指導なども一体的に行う。それこそが他国にはない日本の公教育の特徴だ。ただ当然、それだけ日本の教員の業務は多くなる。

　文部科学省の第106回初等中等教育分科会（2016年）においても、「『日本型学校教育』は、国際的にも高く評価され」「勤勉さ、礼儀正しさなど道徳面、人格面でも評価され」「『日本型学校教育』の海外展開が要望されるようになってきている」と、日本の公教育の成果を評価しながらも、「一方で、教員に大きな負担をしいている状況にある」と、教員の業務の多さを大きな問題として取りあげている。

　実際、若手教員は、授業以外の生活指導と部活指導にも多くの時間を割いている。

　「生活指導に関する報告書、指導計画の作成など、事務仕事が非常に多いですね。また、テニス部の副顧問も務めていて、練習は土日に重点的にやるため、正直、休みはありません。最後にいつ休んだのか、わからないくらいです」（若手教員）

日本の教師に関する外国人の反応❶

- ちょっと日本の学校に行きたいかも
- 日本は先生が生徒をちゃんとケアするレベルが高すぎる
- **先生のクオリティは日本が上。プロフェッショナルな教育者って感じ** `オーストラリア`
- 日本は特に小学校がいい。マジでうちの息子は小学生時代を日本で過ごさせようか検討中
- 日本の先生がいてくれたらよかった。おばあちゃんが亡くなった２年生のとき、クラスメイトにも同情してもらえなかった。先生も気づいてくれなくて、疲れるまで泣いた。背中を叩いて慰めてなんかくれなかったわ `アメリカ`
- 日本の先生、居眠りしている子を素っ気なく起こすのね `イギリス`
- 優しい先生だ。居眠りしていたら、うちの学校なら机の上を拳でぶっ叩かれるわ `カナダ`
- **日本では共感することを児童に教える先生がいるなんて！すごすぎです** `アメリカ`
- うちの学校で他人への共感や気づかいなんて教えてくれなかったよ `アメリカ`
- 現代の欧米の学校では他人への思いやりなんて皆無だよ。ただひどい競争とイジメがあるばかり `オーストラリア`
- **日本のような立派な先生を見たことがない。生徒たちに好影響を与えているのは明らかだ。日本の先生たちの教えは1000年は受け継がれる気がする** `スウェーデン`
- **記憶や心のなかにあるものを共有して、泣いて、そして笑う。とても美しい授業だ**
- 俺の学校とはかなり違う。子どもが感情を表に出そうとすると、神様が泣くのを許しませんと先生に怒鳴られて罰せられるよ `アメリカ`
- 世界中の人間が日本の先生に教えてもらったとしたら、戦争も妬みも憎しみも暴力もない、愛と相互理解と自由と平和といいことがあふれた世界になるんだろうね `スウェーデン`
- **この世界を生きるに値する場所にしてくれるのは、日本の先生がいるからさ** `スウェーデン`
- 日本の文化が大大大好きよ。西洋も日本の先生の指導を取り入れるだけで、世界はよりひとつにまとまって、この複雑な世の中に平和と繁栄をもたらせてくれるわ `オーストラリア`
- 日本の学校では人生についても学ぶことができるんですね `ノルウェー`
- 日本は文明国家だからね。小さいときから人間性を養われている
- 日本では勉強を教えるっていうより、「日本人になる」ってことを教えているんだと思うんだよね。どの教科よりも日本社会のなかでどうやって生きるのかについて教えているんだ
- 日本の教師は真の教育を子どもたちに施しているようだ `ルーマニア`
- 実際に日本人は責任感があるし、他人を尊重する。まちがいなく効果的な教育ってことなんだろう `ポーランド`
- **本来の教育って日本の教育のことなんだと思う。テストでいい点数をとる方法じゃなくて、人生に大切なことも教えていくべきなんだ** `オーストラリア`

webサイト『どんぐりこ』『キキミミ』『パンドラの憂鬱』『黄金の国ジパング』より

教員の仕事時間の内訳と比較

単位：時間

	仕事時間の合計	授　業	学校内外で個人で行う授業計画や準備	学校内での同僚との共同作業や話し合い	児童生徒の課題の採点や添削	児童生徒に対する教育相談
日本の中学校	56.0	18.0	8.5	3.6	4.4	2.3
参加48カ国平均	38.3	20.3	6.8	2.8	4.5	2.4
日本の小学校	54.4	23.0	8.6	4.1	4.9	1.3

	学校運営業務への参画	一般的な事務業務	職能開発活動	保護者との連絡や連携	課外活動の指導	その他の業務
日本の中学校	2.9	5.6	0.6	1.2	7.5	2.8
参加48カ国平均	1.6	2.7	2.0	1.6	1.9	2.1
日本の小学校	3.2	5.2	0.7	1.2	0.6	2.0

出典◉OECD国際教員指導環境調査（2018年）※ただし、【仕事時間の合計】は各項目ごとの仕事時間の総計とは一致しない。

このような教員にかかる多大な負担は、2019年6月に公表されたばかりのOECD国際教員指導環境調査の結果にも表れている。15の国と地域の小学校教員、48の国と地域の中学校教員を対象としたその調査によれば、日本の小学校教員の勤務時間は週54.4時間、中学校教員の勤務時間は週56.0時間で、いずれも参加国・地域のなかで最長であった。

中学校教員の勤務時間のOECD平均は週38.3時間であり、日本の中学校教員の勤務時間とはじつに18時間近くの開きがある。

もちろん、これは部活などの課外活動の指導時間、事務業務の時間が長いことが要因だ。具体的に数字をみてみると、課外活動の指導時間はOECD平均が1.9時間であるのに対し、日本はそれをはるかに上回る7.5時間であった。一方で、日本の中学校教員が「本業」である授業にあてた時間は18.0時間と、OECD平均の20.3時間を下回り、本末転倒ともいえる皮肉な結果になっている。

学校週休2日制。にもかかわず増える勤務時間。その原因とは？

ただ、かつての日本の教員はそれほどの長時間勤務をしていたわけではない。職種による違いはあっても、公務員の就業時間は基本的にはいわゆる「9時5時」。教員は前倒しの8時始業のため、「8時4時」というのがかつての就業時間であった。以前は、子持ちの教員が保育所へ自分の子どもを迎えに行くということも当たり前のようにできたのだという。それが変わりはじめたのは「週休2日になった20年くらい前から」（ベテラン教員）。段階的に進んでいた小中学校の週休2日制が、学校教育法施行規則の改定により完全週休2日制に移行したのは2002（平成14）年だ。同年は、学習指導要領の改訂によっていわゆる「ゆとり教育」がはじまり、授業時間も大きく減ることとなった年でもある。普通に考えれば、教員の勤務時間も減りそうなものだ。にもかかわらず、日本の教員の勤務時間は大きく伸びてしまった。

では、なにが日本の教員たちの勤務時間を増大させているのだろうか。それは、先述のOECDによる調査にも表れている部活などの課外活動指導、さまざまな報告書の作成などの事務業務といったものばかりではない。教員たちを悩ませているのは「児童・生徒の親への対応」なのだ。ベテラン教員は語る。

「夕方になれば、学校の電話が通じなくなるくらい保護者から電話がかかってきます。かといって、立場上『いまは忙しいので……』なんて電話を切ることもできませんから、その対応にかなりの時間をとられますね。いまの保護者はなんでも学校に頼る傾向が強いん

です」（ベテラン教員）。

これには若手教員も「どこか、学校を『なんでも屋』のように思っている保護者もいます」と口をそろえる。

教員の保護者対応。その実例

その「なんでも屋」ぶりの実例をいくつかあげてみよう。

「公園で保護者が不審者を見かけたなんてことがあれば、すぐに学校に対応を求める電話がかかってきます。それで、警察に電話をして、現場に行って、警察に対応して……なんてことをやっていれば、3〜4時間なんてあっという間に過ぎますね。放課後はお茶を飲む時間もありません」（ベテラン教員）

「ついこの前は、家族会議を学校ではじめられちゃって……。無理やり追い返すこともできませんから、私が対応しました。本来、授業が終わって生徒が学校を出れば、その先は親の責任であるはずなのですが、そのあたりの線引きができない、勘違いしている保護者が多いように思います」（若手教員）

「月に1〜2回は『うちの子がどこにいるかわからない』という電話があって、われわれ教員が捜しに行くということもあります。それで、必死に捜している間に「あ、帰って来ましたから」なんて連絡があって……。そのあと、いざ自分の仕事をしようと思ったときには、もう夜の7時なんてことも……」（ベテラン教員）

小中学校の現状を知らない世代の人からすれば、驚くべきことだろう。しかも、ここまであげた例のような「保護者発信」のものだけではなく、「教員発信」での保護者への対応も求められるという。というのも、学校で少しでも特別なことが起きれば、後々のトラブルの火種としないために、必ず保護者に電話を入れるように学校や教育委員会から指導されているからだ。

「保護者に電話をするのはほとんど毎日。児童同士のささいなけんかであっても必ず両者の保護者に報告します。しかも、その児童のどちらかを加害者、どちらかを被害者のように伝えてしまうと、親同士のトラブルを招くことにもなりかねませんから、うまく話をまとめて、『謝りの電話を入れたほうがいいかもしれませんね』とそれぞれの保護者を説得しなければなりません」（ベテラン教員）

ふたりの保護者の間に入って丸く収めるには、当然、それなりの経験が求められる。

「若い教員の場合は、対応の仕方をシミュレーションして、ノートに書き出してから、先輩教員に『これでいいですよね？』なんて確認をしてから電話をすることも多いですね」（ベテラン教員）

教員たちの葛藤。学力低下の危機

これでは、「本業」である授業を充実させるために多くの時間を割くことなどできるはずもない。実際、教員にとってはそれが大きな悩みとなっている。

「教員ならだれもがもっとしっかり授業の準備をしたいはずです。子どもたちのために少しでもいい授業をしたい。ところが、なにしろ時間がない。本当にやりたいこと、やるべきことをあと回しにせざるを得ないんです。ただ、それなりのキャリアを積んだ教員ならば、『この授業はあのパターンを使おう』というふうに経験を生かして準備ができますから、まだマシかもしれません。いまの若い教員は本当に大変だと思いますよ」（ベテラン教員）

ベテラン教員の指摘通りのことを、若手教員は語っている。

「1コマの授業に対して2時間ぐらいで準備をするように指導されてはいるのですが、私のような若手はまだ経験を積んでいる段階なので、3時間以上かかってしまいます。生活指導などの校務に部活の指導、そして授業も含めてどれも手を抜けない業務ですが、本当

日本の教師に関する外国人の反応②

- 日本の先生方はお仕事が多くて大変そうだ
- 日本の教師が抱える責任というのはかなりのものだね
- **日本の教育システムは費用対効果はいいんだね。
  それは先生たちの犠牲によるところが大きいと思うけど**
- 日本の先生は世界でもっとも働いているらしい
- 先生たちに何時間学校にいるのか聞いたほうがいい。彼らはすばらしい仕事をしているはずだ
- 生産性の低い書類や会議をなくして、授業に集中できるようにすればいい
- 授業以外にもすることが多いんだろうね。日本の教師は大変そうだ
- わたしの教え子のひとりが日本で高校教師をしている。気の毒なことに彼女は自分の時間をほとんど持てない
- パフォーマンスもみないと判断できないね。もし、日本の教育に対する公的支出が2番目に低く、
  成績も2番目に低いなら、もっと支出を増やしたほうがいいということ。
  もし、支出が2番目に低いのに成績はトップクラスだというのなら、外国は日本に見習うべきだということだ
- **義務教育はお金も生まないしね。子どもを育てているのはだれ？
  教師でしょ。もっと給料をあげよう**
- 日本に行ったことがある人なら、知っているはず。日本は人も街も、本当に清潔で秩序があるんだよ。
  アメリカの教育システムは変化が必要だ。教師はいま、敬意を払われることさえないんだから！
- フランスに住んでいるけど、生徒は疲れきっているように見える。平日は午前8時から午後6時まであって、
  生徒にとって学校は地獄のようになっている。個人的に勉強は好きだけど、
  教室は勉強するような雰囲気ではない。生徒は私語をしていて、先生には権威がない。
  公立学校はどこもそんな感じ。日本の学校は私の理想だよ！ **フランス**
- 日本の教師は長時間労働に不満を抱えていると聞いたことがある。しかも保護者は教師に感謝の念を持たない。
  そんな学校でだれが働きたいと思う？　日本の教育システムは教師の親切心を利用している。
  教師がこの問題について立ちあがる必要があるし、さもなければなにも変わらないよ

webサイト『キキミミ』『パンドラの憂鬱』『海外の反応まとめし』
『海外の反応　翻訳部』『どんぐりこ』『ヤクプラス』『黄金の国ジパング』『ラカタン』『海外のお前ら』より

に力を入れたい部分に時間を回せないという葛藤があります」（若手教員）

　教員が授業を充実させるための準備に時間をかけられないとなると、当然、授業の質の低下が危惧される。そればかりではない。失礼な表現かもしれないが、いま、教員自体の質も低下しているとも考えられるのだ。というのも、公立学校教員採用選考試験の倍率が下がり続けているからだ。小学校教員の同試験の倍率は、平成12年度には12.5倍という高い数字であった。ところが、その18年後、平成30年度には3.2倍にまで下がっている。

　その要因としては、世代人口が多い団塊世代が定年を迎えたことによって採用者数が増加していることもあげられる。ただ、一方で受験者数自体も減少しているのだ。受験する世代の人口が少ないということもあるだろうが、おそらくはメディアを通じて教員の激務の実態を知り、教員を志望する人間が減っているということもひとつの要因として考えられるだろう。採用者数が増え、受験者数が減っているということは、以前であれば不合格となっていたレベルの人間が教員となることも考えられるというわけだ。

　ただでさえ授業の準備に時間をかけられずに授業の質の低下が危惧されるなか、教員のレベルまでもが下がれば、今後はそれこそ日本人の学力そのものが下がるということにもなりかねない。

　そんな事態を回避するには、まずは教員

日本の教師に関する外国人の反応③

- 学校でしつけてくれるから日本の親は楽だろうね
- 学校も家庭も先生に期待しているんだ。学校に通っている限り、両親は先生のいうことを尊重するよ。もし生徒がなにか個人的なことで問題を抱えていたら、親よりも先生にいいにいくんだ
- 子どもも大人も見習わなきゃいけないと思う。先生が子どもの失敗を責めないのは、彼がうっかりやってしまって、後ろめたさを感じていることを知っていたからでしょうね。もしも責めたら、きっと逆効果だろう。またやらかしたら、厳しくしないといけないだろうけどね。

日本の先生の教育方法は人間味があるし、有効ですね

- 日本の学校はアカデミックでない面もいいと思う。盛りだくさんなイベント、自分たちで掃除することとか
- 日本のように教室の清掃を子どもがやるのはいいですね。私の国の子どもは他人を尊重することと、責任感を持つことを両親から教わっていないから！ カナダ
- まずは自分のことを自分でできるようになってから勉強をはじめる。いい仕組みだと思う
- 甘やかすことは教育じゃないもんね。私たちも日本の教育を参考にしていこうよ！ アメリカ
- 日本の教育は海外の保護者から非難の的だ。過保護な親は学校が教育の場だっていうことを思い出そう！
- いまの子どもたちは甘やかされすぎている。俺の国でも日本式を取り入れるべきだ。

日本の教育システムに心から敬意を表したい
日本人が強い責任感を持っているのは、子どものときに受けた教育が理由だったんだねぇ シンガポール

- なんて画期的な教育なんだ。日本では読んだり書いたり数字を覚える以外に給食という授業で協調して調和し、感謝し、責任感を持つってことを教えているんだな
- 日本がいまのような国になった理由のひとつが学校だろうね。常に完璧を追い求め、自分で動くことの大切さを小さい頃から学んできたからこそ、世界最高の製品をつくることができるんだよ。

その結果、日本はいまでは世界の羨望の的だ アメリカ

- こっちの教師とお偉いさんたちは日本に視察に行ってよ。素晴らしい模範があるんだから ベネズエラ

日本が規律の面で世界をリードする理由は、学校教育なのね トルコ

- 中国の教育と比べると、自立能力の育成は日本の教育精神のあらわれだね 中国
- 日本の教師の教育成果がそのまま日本社会に反映されている。そのことが本当にすばらしいと思った イギリス
- 大人になって色々経験した結果、学校教育で大事なことは、日本の教育みたいに社会人として大切なことを子どもたちに身につけさせることなんだって気づいた
- 小さい頃に先生に教わったものの大切さは、大人になるまで気づかないものなのよ カナダ
- 私は先生だけど、日本のような学校で働きたいな。スウェーデンで働いているけど、自由主義に甘やかされた環境に疲れたわ

私も自分の子どもを日本式の学校に入れたいです。

いかにアメリカの教育がまちがっているのかって思ってしまいます アメリカ

学業だけでなく、人生におけるすばらしいレッスンを施すような、日本のシステムはどの国にも必要だと思う
日本の子どもへの教育方法に心服。先生は子どもの見本なんだな

- 教育のやり方でぜんぜん違った国民の素養が作られるんだな
- 感謝の気持ちをしっかり教わっているところがいいね

webサイト『どんぐりこ』『キキミミ』『パンドラの憂鬱』
『海外の反応まとめし』『黄金の国ジパング』『ラカタン』より

たちを現在の激務から解放し、「本業」に時間を割けるようにすることが急務となる。そのための策として、教育実践情報を掲載するwebサイト「先生のための教育事典EDUPEDIA」の運営者は、「根本的な解決のためには、教員の業務を地域や他の行政に分散し、かつ学校の人材を増やすことが必要。その上で、個々の教員が持っているさまざまなノウハウが共有されることも大切だろう」と提言する。「業務の分散」という点については、先のベテラン教員、若手教員も同様の意見を寄せた。

「テストの採点などを手伝ってくれるスクールサポーターシステムを積極的に使うなどして、教員の負担を少しでも減らすことが大切でしょう。『理科の授業でこんな実験をやりたい』と伝えると、「はい、いいですよ」と引き受けてくれるサポーターさんや、保護者対応をしてくれるスクールカウンセラーさんの存在って本当に助かるんです」（ベテラン教員）

「教科指導、部活指導、生活指導、事務……、これらをすべてひとりの教員がやることにはやはり無理があります。たとえば部活なら、外部からスペシャリストのコーチに入ってもらう。そうすれば、生徒はもっといい指導を受けられますし、教員は授業の準備に時間を使えます。生徒にとっても教員にとってもいいことであるはずです」（若手教員）

それでも忘れない教員たちの志

そして、なによりも、いまの親世代、これから親になる世代が教員を「なんでも屋」にしないことが重要であるはずだ。「モンスターペアレント」という言葉が生まれて久しい。そんな困った親への対応に苦慮しながらも、教員たちは親への理解を示し、かつ教員としての熱い気概を持っている。

「いまの親は、本当に大切に大切に子どもを育てています。大切にし過ぎていると思わないこともありませんが、教員としては『自分の子どもをなんとか立派に育てる手助けをしてほしい』という親の気持ちをくまなければなりません。昔のドラマ『金八先生』じゃないですが、いまの教員も同じ熱い気持ちを持っています。なにが教員を続けるモチベーションかというと、『共感』なんです。子どもがなにかを成し遂げれば、『よかったね！』と一緒に喜び、悲しんでいるときには寄り添ってあげる。それがわれわれの仕事であり、その点はいまも昔も変わることはありません。そうじゃなければ、『教員なんていらない』と思うほどです」（ベテラン教員）

「教員を志す人間には、少なからず自分の恩師に『人間として育ててもらった』という経験があります。そこに魅力を感じたからこそ、教員になった。だとしたら、どんなにしんどくても、学力だけじゃなく、子どもの人間性も育ててあげたい。それが人間としての『両輪』ですから」（若手教員）

現在の日本の教育にはさまざまな問題が山積していることは確かだ。だが、その現場には、教員としての本懐を遂げるため、心の内に葛藤を抱えながらも自らをむち打ち奮闘している教員たちがいる。日本が誇るべき志高い教員たちが自らの理想とする指導に少しでも近づけるよう、子を持つ親はもちろん、国民全体の高い学力に支えられた便利な日本社会に住むだれもが、教員たちにもっと感謝すべきではないだろうか。

先生のための教育事典 EDUPEDIA（エデュペディア）

◉教員のための優良かつ多様な教育情報の提供を通じ、教育現場の活性化、子どもの学びの最大化を支援する団体。WEBサイト（https://edupedia.jp）にて、全国の優れた授業実践や解決困難な教室の問題への処方箋、職員室の手間を減らす工夫やコツを無料で公開。

清家茂樹

（せいけ・しげき）1975年、愛媛県生まれ。法政大学社会学部社会学科卒。複数の出版社勤務を経て2012年に独立し、編集プロダクション・株式会社ESSを設立。野球、グルメ、音楽、エンタメなど、ジャンルを問わずさまざまな雑誌、書籍の編集や執筆に携わる。

ウチの国の公務員
──世界各国の公務員事情を徹底比較──

日本で公務員と言えば、真面目、堅い、親切。
悪いところではお役所仕事、融通が利かないといったところでしょうか。
とにかくキチッとしている印象ですが、
ほかの国の公務員はどんな印象を持たれているのでしょう。
現地在住の特派員からのリポートで、各国の公務員事情をお送りします。

スイス（フランス語圏）

休んでばっかり！

Reported by 小島瑞生

日本との公務員の違いは？
●スイスの公務員の仕事ぶりは日本に比べるとかなりのんびり。早朝に出勤し、夕方はさっさと早く帰宅する人が多いのか、メールや電話で問い合わせをすると朝7時過ぎぐらいに役所から連絡が来たりしてビックリします。正規の公務員でも1週間に数日だけ勤務とか、午前のみ、あるいは午後のみ勤務する形態が当たり前の国なので、勤務時間が短いパートタイム公務員が多いのも特徴です。

ただ、公務員のなかでも警察は忙しそう。「近隣住人が騒いでうるさい」「近所の犬が吠えて迷惑」といった理由などでも、気軽に警察にすぐ通報する人が多いので、そのたびに警察が間に入って解決せねばならず、お疲れさまと言いたいです。

日本と比べてよいところ、悪いところは？
●よいところは、笑顔でフレンドリーな対応をしてくれる人が多いこと。悪いところは仕事ぶりが適当なこと。書類の記入でも間違いは多いし、ひどいときには大事な書類を紛失して、こちらが指摘するまで放置されたことも何度かありました。至急発行してもらわなければならないような緊急事態でも、「担当が夏休みなので来月までなにもできません」という返事が返ってきたりするので、イライラすることもありますよ。

公務員の社会的地位は？
●比較的高いのではないかと思います。給料もそこそこ高く、福利厚生もしっかりしていて、なんといっても公務員は休みが一般企業などに比べて多い。祝日以外にも役場が休みだったり、早く閉まったりすることも少なくなく、公務員は休んでばっかり！という印象も。公務員の求人が出ると応募が毎回殺到するそうです。

日本の公務員のほうが優れているところ
●日本の公務員は仕事が迅速で、できるだけわかりやすい説明をしてくれるし親切。ところがスイスの場合、日本なら簡単にできることでも時間がかかるうえ、公務員の研修で高校生など学生が多く勤めているからか、研修生に当たるとさらに時間がかかり、ミスも増えて無駄な出直しが増えることがあります。

メキシコ

警察官は本当に危ない ところにはいない

Reported by 長谷川律佳

日本との公務員の違いは？
●ゆる〜い人たちばかりです。一般的に頼れる存在としては認知されていません。ある時、近所で警察官がなにかに備えてバリケードを張っていました。「なんだろう、事件でもあったのかしら。怖いな」と思っていたところ、メキシコ人に「警察官たちは本当に危ない事件が起きている場所にはいないから、大丈夫」といわれました……。

日本と比べてよいところ、悪いところは？
●メキシコの警察官が嫌われる理由の一つが「賄賂を求めてくる」ところ。特に12月はクリスマス商戦などで出費の多い季節だけに要注意。警察官は少しでも賄賂やピンハネで懐を温めようとやっきになるそうで、道路にはスピード違反や季節柄、飲酒運転などを取り締まる、いわゆるネズミ捕りが大量発生します。

公務員の社会的地位は？
●これも警察の話ですが、子供が「憧れない」職業ナンバーワン、といっても過言ではないくらい、どちらかといえば揶揄されることの多い職業です。面白コラージュ画像などにも使われます。

日本の公務員のほうが優れているところ
●日本の公務員は真面目にきちんと仕事をしている。このひとことに尽きます。

オーストラリア

フレンドリーなのは いいけれど……

Reported by 柳沢有紀夫

日本との公務員の違いは？
●日本の公務員はとことん丁寧ですよね。一方、オーストラリアの公務員はとてもフレンドリーです。ただフレンドリーなのはいいのですが、ポカをしても平気で笑ってごまかします。「ああ、あなたの言うとおりね。アハハハハ。でも問題ないわ。任せて」と……。そういう職業倫理というかプロフェッショナル意識は、日本の公務員のほうが格段に高いと思います。

日本と比べてよいところ、悪いところは？
●よいところでもあり悪いところでもあるのですが、雇用が流動的というか、公務員でももっといい給料の仕事があるとサッサと私企業に転職します。優秀な人材ほど早くやめてしまうのが難点ですし、結果的に経験の浅い人が多くなって窓口業務などでもミスが多くなっている気がします。また部署にもよりますが、忙しいところでも残業は月10時間程度。年度末などに多忙を極める日本の地方公務員とはかなり違います。無駄に残業しないで時間内に集中して仕事をする点は、オーストラリアのほうが優れていると思います。

公務員の社会的地位は？
●地方に行けば行くほど公務員の地位が上がるのは、日本と同じです。地方には公務員ほどの給料を払えるような大企業や優良企業が

少なく、高給取りの公務員は必然的に社会的地位が高くなっているようです。

日本の公務員のほうが優れているところ　●「救急車が到着するまでの時間」は明らかに日本のほうが早いです。以前アマチュアサッカーの試合でチームメイトが膝の下を骨折し、少し動くだけでも激痛が走る状態。通報時にそのことを伝えたのですが、救急車がやってきたのは40分後でした。このように救急車の到着時間は全般的に遅く、その点は日本のほうが明らかに優れています。

スペイン

「休み多っ！」な究極の安定職業

Reported by ボッティング大田朋子

日本との公務員の違いは？　●スペインの公務員の仕事ぶりは、日本と比べると「非常にテキトー」です。ちゃんと働く人ももちろんいますが、スペインでは基本的に働きたくないから公務員になる人もいたりして……。一度公務員になってしまえば死ぬまで公務員で、さらに評価制度がないためにやる気がない人が多いんです。コミュニケーションが盛んな国民柄、困ったことがあれば助けてくれるという意味では親切に見えますが、仕事ができない（しない）ので、実際のところほとんど助けになりません。

　それでも、公務員になるまではかなり大変。日本と同じように公務員試験があるのですが、20〜30科目ほどを暗記する必要があり、かなりの勉強量が要求されます。20〜30代の前半の2〜5年を公務員試験の勉強に費やす人もザラです。有能な若者がバリバリと働ける20代を公務員試験に費やしているのを嘆く声も多く聞かれます。加えて地方公務員試験では、その地域の言葉での試験をパスすることが必須。つまりバレンシア州の公務員になりたかったらバレンシア語、バルセロナだとカタルーニャ語ができないとその地域の公務員になれません。

　そんな難しい試験がありつつも、日本と比べて公務員人口が非常に多い。スペインで働いている人の5人に1人（20％）は公務員と言われることもあり（※編集部注：日本は約10人に1人。「世界価値観調査2010〜2014」より）、実際、まわりにも公務員が多いです。

　ちなみにスペインの公務員は「もらいすぎで休みすぎ」と言われており、国家予算の話が出ると必ず公務員は批判の対象になりますが、人口における公務員比率が高いので公務員に不利な法律や条令を通せない現実があります。

日本と比べてよいところ、悪いところは？　●スペインの公務員のよいところは、ライフワークバランスを取りやすい働き方でしょう。サービスを受けるほうは困ることが多いですが、働くには非常に恵まれた環境です。たとえば、勤務時間が短い。日本の公務員はだいたい8時半〜17時半が主で、残業もありだと聞きますが、スペインでは午前か午後だけの半日勤務。マドリードで働く公務員の友人の多くが8時半から14時半（2019年になって週40時間労働から週37.5時間の労働時間に時間短縮する政令が出されたのでますます短時間労働になっている）、つまり午後は子どもの学校の送り迎えに行ける、子どもと過ごせる、自分の時間がある、といったライフワークバランスが取りやすくなっています。

　また、休みすぎと言われるだけあって、1カ月の夏休みは当たり前。教職員は特に優遇されていて、3カ月の夏休みに加えて有給休暇と、とにかく休みが多い。日本の学校の先生のようにクラブ活動、会議などで登校しなければならないこともまったくないため、学校がない＝バケーシ

ョン。仕事に追われない人生を送るには最高の職業です。

公務員の社会的地位は？

●スペインでは公務員の職種により社会的な評価がかなり違います。ひと口に公務員と言ってもABCなどとランク分けされており、さらにそのなかでもレベル分けされています。給料もしかりで、レベルが下の公務員は安月給。スペインでは社会的地位や高い給与を求めて公務員になるというよりも、安定を求めて公務員になります（失業率が高い国内事情が関係しています）。

医者に関しては、スペインの病院には公立と私立があり、公立病院で働く医者は公務員。公務員のほうが圧倒的に社会的評価が高いです。ただ給料は安いので、多くの医者は公立と私立をかけもちして社会的評価・安定（公務員）と、稼ぎ（私立で働くことで得る）を両立しています。

ただ、ランクによる社会的地位の違いに差はあれど、若者の2人に1人が失業中の現在、安定的な公務員の人気はますます高くなっています。仕事を求めてマドリードやバルセロナなどの大都市、ドイツやイギリスなどのほかのEU国への出稼ぎを余儀なくされる若者にとっては、家族の近くにいることができ、仕事が保障されている地方公務員はとりわけ人気となっています。

日本の公務員のほうが優れているところ

●あきらかに日本の公務員のほうが仕事をしているし、仕事ができる、やる気がある。仕事のレベルが普通に高いですよね。病院や市役所で特に思います。スペインでは市役所でも担当者によって言うことが違うので非常に困ります。決められているはずの必要書類でも、担当者によって基準が違うのか、窓口に行く度に足りない書類を指摘され、何度も通うという無駄な労力にいつもうんざり。その点、日本ではどこの窓口でも情報が開示されていて、混乱がありません。決まった通りの書類さえ揃えればことがスムーズに運ぶのでストレスもないし時間のロスもなし。スペインの役所や医療システムを経験したあとだと日本の公務員の働きぶり、明確な基準は夢のようです。

マレーシア

多言語対応が素晴らしい！

Reported by 森純

日本との公務員の違いは？

●公務員に限りませんが、仕事ぶりはリラックス・モード。入国審査の係官なども「朝早いシフトなのでおなかが空いた」、「今日は混んでいて疲れた」など、フレンドリーに話ができます。

日本と比べてよいところ、悪いところは？

●程度はともかく、複数言語（国語のマレー語、共通語の英語。加えて自身の母語）ができる人が珍しくないのはいいところだと思います。多民族で構成される社会なので、そうでないと仕事が進みませんし、ほかの民族の文化や宗教への理解がないとトラブルの元になります。

公務員の社会的地位は？

●政策的にマレー系国民が優遇されています。管理職部門の職員は大卒以上なので、教育程度は比較的高い職種。公務員手当や住宅手当、年金などが手厚く、副業も禁止されていないので公務員の所得階層は平均より上のようです。

日本の公務員のほうが優れているところ

●事務能力でしょう。個人差はありそうですが、仕事に対する責任感なども違うのではないかと感じます。一方、マレーシアでは手続きに必要な書類を最初に言ってもらえないために出直す羽目になったとか、受付の人が変わるたびに何度も同じ説明をさせられるという話はよく聞きます。

ポーランド

「こんな時間に来て！」からの手のひら返し

Reported by ソルネク流由樹

日本との公務員の違いは？ ●都市から離れれば離れるほど、時間にルーズになっていきます。一生懸命働いているのは、フロアにいる、市民から見えるグループ。それ以外の上階や個室にはコネで入った人が多く、朝からコーヒーカップ片手に1時間ぐらい談笑し、それからやっと重い腰を上げて書類に目を通し始めるんだとか。また、終業30分前ぐらいに役所を訪れると露骨にイヤな顔をされて、「担当者がいないから明日出直すように」と言われることも珍しくありません（その代わり担当者が知り合い、もしくはその上司に知り合いがいると融通が利きます）。

私の親戚は、終業時間の1時間前に書類を役所に持っていったら「こんな遅い時間に仕事を増やさないでよ」、「明日もう一度出直して頂戴」などと言われたとのこと。さすがに頭に来て「課長を呼んでくれ！ 俺の隣人だ！ 話がある！」と抗議したら、突然手のひらを返したように態度が変わり手続きが始まったそうです。

日本と比べてよいところ、悪いところは？ ●2013年までに警察官になった人は、25年勤務で年金がもらえます。元警察官の年金は、一般市民（女性は60歳、男性は65歳にならないと年金が出ません）より、掛け金が少なく受け取り額が多いので市民の不満の対象になっています（ポーランドは年金システムが頻繁に変わるため、この情報は2019年6月現在のものです）。

公務員の社会的地位は？ ●日本のような公務員試験がないのでコネ就職が多く、それもあってか、あまりうらやましがられる仕事ではありません。実際、役場に勤める公務員の給料はスーパーなど小売産業よりも低いことが往々にしてあります。

日本の公務員のほうが優れているところ ●窓口、担当者によってころころと説明が変わることがない。「そんなこと知らなかったんだから仕方ないでしょ」という言い訳をしない。担当者によって要求される手続きの書類すら違うポーランドに住んでいると、日本の役所は天国のようです。

インド

効率？ なにそれ？

Reported by さいとうかずみ

日本との公務員の違いは？ ●インドの公務員は、かつて日本にも見られたような、いわゆるお役人タイプの人たちが多い。公務員の給料はそう高くはないため、多くの公務員が袖の下による集金に熱心な傾向にある。

たとえばインド在住外国人が必ず受ける本人確認（varification）があるのだが、警察官がその住所に該当人物が住んでいるかを確認する際に、最後に「それで？（わかっているだろう？）」という顔をする。また、運転免許証を取得したい場合、書類一式にささやかな"気持ち"を添えて

提出すると、短期間で手元に届いたりする。

仕事ぶりに関しては、インドはいまだに書類仕事が多いためにとにかく時間がかかる。効率など、聞いてくれるなという仕事ぶりだ。役所に行くと、書類の受付からすべて手書き。まず、受付番号を取り、順番を待つ。担当者と話すまで、散々待たされたあげく、書類に少しでも不備があると突き返される（１行書き忘れただけでやり直しになるイメージ）。やれ、コピーが何枚必要だ、写真を撮ってこい、など、紙ベースの要求も多い。役所の人々は提出された書類（同じものの複写がいくつもある）を紐で綴り、日にちごとに束ね、積み上げる。次回、その書類に追加があっても、今度はその書類が出てくるまでに待たねばならない。そんなのんびりとした仕事を悠々と行うのがお役所の人である。当然、お昼休みは交代などせずにばっちり休憩をする。

日本と比べてよいところ、悪いところは？

●インドの公務員のよいところは、日本のように、公務員が市民に対して必要以上に気を遣うことがない。ノルマもないため、あくせくと働く必要もない。マイペースに働ける環境だ。一方、悪いところは、国や州などの名前で許可を出すといった仕事柄もあるのか、ついお役人として威張りがちなところがある。また、民間のように成績が給料に影響することがないこともあって、人のために熱心に働く人が少ない。その給料も少ないために、袖の下の回収など、本業以外のことに時間と労力を費やしてしまう人も多い。

公務員の社会的地位は？

●インドのお役人の社会的な地位はかなり高い。ステイタスのようなもので、「公務員です」と言えば一目置かれる存在。たとえば、お見合い結婚の際に、自分の出身（昔でいうカースト）に加え、親または本人の職業が公務員であるというと、先方の印象が違う。また、給料は高くないが、年金など福利厚生がしっかりしており、公務員が優先的に住めるマンションなどもある。そういう場所は立地や治安もよく、自分で購入したそのマンションを賃貸に出し、家賃収入を得ている公務員もいる。

日本の公務員のほうが優れているところ

●日本の公務員は、「国民のために働いている」という意識が強く、民間企業並みもしくはそれ以上にお客様のために一生懸命に働く。日本の役所に行くと、待ってもいないのに「お待たせしております。どんなご用件ですか？」などと聞いてくれるし、少しでも不満の意を表すと全力で対処しようと努めてくれる。また、説明責任に対する意識が強い。インドの場合、スタンスは「お願いを聞いてやっている」というもので、お願いする側（国民）が一所懸命にやらねばならない。手続きや制度などに関して、丁寧な説明など役所側から聞いたこともなく、こちらから尋ねたことにのみ、回答があるくらいだ。

アメリカ

当たり外れがとっても激しい！

Reported by ハントシンガー典子

日本との公務員の違いは？

●アメリカの公務員は基本的に横柄ですね。また、担当者によっても当たり外れが激しいです。とにかく手続きに時間がかかり、いつ終わるのかわからず予定が立たないうえにミスも多いです。繊細な案件の場合、金曜日の午後に行かないほうが賢明でしょう（休み前は仕事が投げやり）。なにか不備があって問い合わせてもたらい回しにされるばかりで、問題はなかなか解決しません。

日本と比べてよいところ、悪いところは？ ●"当たりの人"はとてもフレンドリーで、軽い違反を見逃してくれたり、融通を利かせてくれたりします。ただ"外れの人"だと、こちらがなにを言っても通らない、理不尽に突き返される、手続き自体を忘れられる……とにかく当てになりません。こちらも"外れ"のときに備えて、口頭の約束は信じず、受け取りの署名の入った申請書のコピーを取るなどして、ミスがあった場合の対策を取る必要があります。ただ、手続きに時間がかかる一方で、高いお金を払えば手続きがすぐ終わるオプションがあるんです。このあたりはアメリカらしい合理的なところでしょうか。

公務員の社会的地位は？ ●軍人や消防士、警察官など、命を張っている公務員の社会的地位はとても高いです。日本と同様に安定はしています。

日本の公務員のほうが優れているところ ●まずミスが少なく、信頼できます。スケジュール通りに手続きが終わるのも助かります。対応が丁寧で、どんな問い合わせにも担当者につないで、きちんと答えてくれるところですね。

アラブ首長国連邦

たとえ塩対応に遭ってもこちらの責任

Reported by アルカッサブ幸子

日本との公務員の違いは？ ●ある日の夕方、果物市場に行く途中でいきなりパトカーに車を停めるように指示されたことがありました。車内が一気に緊張するなか、なにごとかと思えば「おめでとうございます。ハピネスコントロール隊です。あなたの運転が素晴らしかったのでひと言伝えたくて呼び止めました」「は？」「これからも安全運転をしてくださいね、それじゃあ」と封筒を渡してくれました。封筒の中は数枚の紙。ハッピースマイルが描かれたハピネスコントロール隊のステッカーと、私の名前がアラビア語習字で丁寧に書かれた賞状、そして携帯電話の通話料に使える3000円相当のギフト券でした。

　日本では考えられない出来事に驚きつつも、アブダビ警察が市民から親しまれ尊敬されている理由を垣間見た気がしました。

日本と比べてよいところ、悪いところは？ ●よいところはレディーファーストが徹底されている点。女性や高齢者が市役所や公官庁へ行くと、専用の窓口で優先的に対応してくれます。アラビア語が公用語ですが、英語でもほぼ対応してくれるのもよいところですね。

　悪いところは、一人ひとりに丁寧な挨拶をしなければならず、窓口でやたらと時間がかかること。日本のように、いつでも笑顔で迎えてくれることはなく、反対にこちらが身だしなみを整え、自ら進んで笑顔を振りまいて窓口へ向かうのが鉄則です。仮に塩対応に遭っても自分のせい。ああ、イケてないTシャツで来てしまった。ああ、話せなかった、などなど。気合十分で窓口に向かわないと一度で用事が済まないのです。郵便局で小包一つ受け取るのに、トホホと首を垂れて何度通ったことか……。

公務員の社会的地位は？ ●公務員は市民から尊敬されています。スーパーカーのパトカーを所有しているところも、「警察官はかっこいい」と、皆の憧れです。

日本の公務員のほうが優れているところ ●市役所や郵便局に行ったときに、私が日本人とわかると日本の警察官への尊敬を伝えてくれることが

何度かありました。天皇陛下の護衛隊が高速道路に合流するときに身を乗り出して周囲の車に注意を喚起している様子をネットで見たが、運転技術と護衛官としての姿勢には心底驚いたと口々に言っていました。

中国

一般庶民は俺たちの いうことを聞け！

Reported by 林由恵

日本との公務員の違いは？

●日本と違い、中国の公務員はとにかく偉そうにしています。一般庶民は俺たちの言うことを聞け、という態度。庶民は公務員には逆らえない雰囲気があります。たとえば、中国の南方地区は昼寝の習慣があるために昼休みが長く、午後の開始時間は14時半から。しかし公務員は14時半からゆっくりと準備を始めるので、実際に受け付けてもらえるのは15時近くなってから。それでも誰も文句を言えません。

また問い合わせ先に電話をしても出ないのが当たり前。もっとひどいところになると、郵便局の窓口職員がお昼ご飯のラーメンを食べ終わるのを客がじっと列をつくって待っているなんてことも。列に並ぶ場合も、午前中から並んでいても、時間になるとぴったり終了。並んでいた人たちは午後再び並び直しです。ですので、お昼前の市役所は、意外と空いています。朝いちのほうが混んでいますね。

日本と比べてよいところ、悪いところは？

●今の中国の公務員は給料は普通だけど、安定していて、福利厚生もいい。中国の学生の就職先人気ナンバーワンです。悪いところは、態度が横柄、仕事が遅い、電話に出ないなど、日本ではあり得ない点でしょうか。

公務員の社会的地位は？

●社会的地位は高いです。公務員は庶民より偉いというイメージがあります。

日本の公務員のほうが優れているところ

●優しい、腰が低い、きめ細かく、痒いところに手が届くサービスです。

ネパール

遅刻からの〜 ネパール茶！

Reported by shyu

日本との公務員の違いは？

●ネパールの公務員はほとんど全員と言ってもいいほど、朝の出勤時間に遅刻します。特に火曜日と木曜日はヒンズー教の行事があるので、さらに大幅に遅れます。また、ネパールの冬は寒いので仕事場に着いてから最初にすることは、温かいネパール茶を飲みながら、一時間ほど外で日向ぼっこ。日向ぼっこが終わると、時間はそろそろ12時。ようやく仕事が始まります。それから2時間ほど仕事をして14時になると今度はおやつ休憩。おやつ休憩が終わって16時頃まで仕事をして帰宅します。

ちなみにネパールの公務員は、お茶汲みや掃除係など、お茶汲みだけをする公務員、掃除だけ

する公務員と、仕事の分担が細かく分かれています。

日本と比べてよいところ、悪いところは？

●役所ながら格式ばっていないところ。ネパールの法律はいまだに未熟なところがあるので、法律やルールに添っていなくても話が進むこともあります。申請書なども、規定の用紙がない場合は白紙に自分のやってもらいたい内容を手紙式に書いて申請すれば、臨機応変に対応してくれます。

公務員の社会的地位は？

●ネパールの人口が2900万人に対して公務員は15万と、かなりの少人数。公務員になるのも難しいようで、社会的地位は高い印象です。

日本の公務員のほうが優れているところ

●やはり、時間に正確なところ。システムや対応がスマートなところも利用者としてはありがたいです。

タイ

午後3時からラストスパート！

Reported by 横山忠道

日本との公務員の違いは？

●日本のような派出所は一般的でないのですが、交通取り締まりやラッシュ時の交通整理で、日常的に警察官を見かけます。警察官は一般国民からの悪評が高く、観光客含む外国人も交通検問などでその実態を知ることができます。交通違反を見逃す代わりに警察官が賄賂を要求するのはよく知られています。

　公務員の仕事ぶりは、非常に威圧的で不親切な態度をする人が主流です。一般国民や外国人に上質のサービスを提供しようと努力するグループも一部いるようですが、組織として業務改善しようという意識は希薄で、明らかに不合理で効率の悪い処理があっても放置されます。

　なお、どの公務員にも共通しているのは、午後3時頃になると仕事が雑でおざなりになること。それまで遅々とした仕事ぶりで書類審査などに長蛇の列ができていたのが、夕刻が近づくと急に処理スピードが上がって定刻前にはすべての処理が完了します。警察による交通検問も例外なく夕刻前に終了。これは公務員が極端に残業を嫌うことと、子弟を学校に迎えに行かなくてはならないのが理由です（タイの学校は保護者の送迎が原則必須）。

日本と比べてよいところ、悪いところは？

●日本は組織としても公務員個人としても地域や民間に奉仕し、上質のサービスを提供していこうという意識が強いですが、タイの公務員はだらだらとして公務員個人にメリット（実利）のない案件や、面倒な些事には関わりません。チェンマイの入国管理局は受付業務を学生ボランティアに任せっきりで、また、警察に空き巣被害を通報したときは、被害が少額（円換算で6万円程度）だったためか調書すら取ってくれませんでした。

　日本の公務員はコンプライアンスに対する意識が強く、不正や職務怠慢を許さない土壌にありますが、タイの場合は法の適用は公務員のさじ加減に委ねられていて、一般国民側もそれをやむなく甘受している傾向が強いです。特に警察は権力意識が強く、不正や賄賂の温床となっています。富裕層から見れば「大抵のことは金でどうにでもなる」という悪習につながっていて、犯罪行為すら警察への賄賂次第でもみ消されることがあります。麻薬の売人と警察が結託するというのもよく聞く話です（売人がターゲットに麻薬を売り渡した後に、警察が現れてターゲットを拘束。売人と警察の双方にメリットがあるという構図）。

　また、外国人と地元タイ人の間で何らかのトラブルがあった場合（交通事故など）、明らかに

タイ人側に非がある場合でもタイ人に有利となる処理をされるのが常で、在住邦人の間ではタイ人とのトラブルは極力避けるようにという不文律があります。一方、稀なケースですが、徳の高い公務員グループが慣例にとらわれず、行政サービスを一気に刷新することがあります。そのスピーディさと改革の大胆さは日本では真似できないだろうと思われるほどです。しかしそれも抵抗勢力の反撃や政権交代などによってリセットされてしまうことが常で、公益とは別の力学が優先されてしまうのが残念なところです。

公務員の社会的地位は？

●タイ語で公務員を表す語は「カーラーチャカーン（王務員）」といい、その語意のせいかタイの公務員は伝統的に一般国民を自分より下に見る意識があるようです。ただ、公務員の給与水準は民間企業と比較して低く設定されています。実力によって昇進できるチャンスもないため、公務員は学生にとって魅力のある職業ではありません。充実した福利厚生や退職後に手厚い恩給や年金が支給されるため、低所得者層の子弟はこぞって公務員試験を受験しますが、エリート候補とされる有名大学の学生の受験はごく少数。これが公務員の人材難の要因として指摘されています。

ざっくりとした印象ですが、一般国民からは公務員とは低所得者層が就く職業という先入観があり、尊敬される存在ではありません。一部ですが威厳があって徳の高い公務員もいるので、必ずしも軽蔑や嫌悪の対象とは限らないのですが、どうしても不正や腐敗の印象が強いため、一般国民にとっては信頼できて助けてくれる存在とは認識されていないのが実情です。

日本の公務員のほうが優れているところ

●日本の公務員はタイのようにだらだらとした態度でなく、きわめて真面目で勤勉です。また、タイのように一般国民や定住者に対して高圧的で横柄な対応でなく、日本の公務員はサービス精神と誠意を持って市民に接してくれている印象です。それは組織および個人（公務員）が高いレベルの「倫理意識」を持って取り組んでいることの証左でしょう。

さらに日本のお役所はインターネットを利用した行政サービスや情報公開を積極的に進めていて、海外在住者は大変助けられています。タイもウェブサイトによる手続きや申請フォームダウンロードサービスなど徐々に開始されていますが、システムの不備や情報アップデートの怠慢などで使い物にならないシロモノで、日本と比べると20年ぐらい遅れている印象です。

ペルー

日本ではあり得ない残念な小銭稼ぎが横行

Reported by 原田慶子

日本との公務員の違いは？

●一般的に、公務員＝仕事熱心というイメージはほとんどありません。役所の窓口をあっちこっちにたらい回しされたり、担当者が最新情報を把握してなくてトラブルになったり。担当者によっていうことがマチマチなので、確認に手間取ることもよくあります。

ペルーの交通警察官は女性が圧倒的に多いです。ペルー人に理由を聞いたところ、「男はすぐ賄賂を欲しがるから」とのこと。実際、女性の交通警察官のほうがよく働いているように感じます。ただドライバーの立場からいうと、女性警察官は融通が利かないという声も聞かれます。

日本と比べてよいところ、悪いところは？

●縁故採用が横行しているペルーでは、トップが変わるとその下の職員もガラリと変わってしまい

41

ます。業務の引継ぎもきちんとされないので、担当者が変わって一やらやり直しなどはしょっちゅうです。逆に顔見知りだと融通が利くので、なにかと得をします。

公務員の社会的地位は？
●国会議員や市区町村長などは権力もありますが、一般の市役所、区役所の職員や警察官の社会的地位はそれほど高くありません。特に一般の警察官や公立学校の教師は給料が低く、副業なしでは暮らせない人も少なくありません。

犯罪が多いペルーでは、非番の警察官が銀行や私企業のガードマンをして日銭を稼ぐというのが伝統的にありました。数年前に一度、警察官の副業が禁止になったことがありますが、その時は、「副業を禁止するなら給料をあげろ！」という抗議の声があちこちから起こりました。また警備が手薄になったことで銀行強盗が増えたため、現在ではまた警察官による副業は許可されるようになりました。この件に関しては、一般市民も歓迎しています。

日本の公務員のほうが優れているところ
●「国民・市民のため」といった公僕的意識は、ペルーの公務員にはありません。仕事だから対応してくれるけれど、休憩中は休憩優先。窓口に市民が並んでいようと関係ありません。

また難癖をつけて小銭を稼ごうとする警察官もいます。車の運転中に違反の言いがかりをつけられ、「罰金を払いたくなければ賄賂をよこせ」と警官に言われた知人もいます。これにはさすがに知人も切れて「じゃあ今から銀行に行って罰金を払うから、違反切符切りなさいよ！」と言うと、警察官は笑いながら「じゃあ今回だけは見逃してあげましょう」といって去っていったとか……。日本の警察官のほうが優れているというより、日本では絶対ありえないことですね。

ルーマニア

簡単に公務員になれちゃう

Reported by 石川寛久

日本との公務員の違いは？
●日本の公務員は安定していて高給のイメージがあります。ルーマニアも安定していますが、給与はそれほど高くありません。仕事ぶりは事務的で、日本と比べて不親切。役所では制服はなく、警察には制服があります。

日本と比べてよいところ、悪いところは？
●ルーマニアの公務員の対応はよくありません。利用者（現地のルーマニア人）から見ても、いいと感じるところはほとんどないそうです。

公務員の社会的地位は？
●ルーマニアの公務員は対応が良くないため、国民からはよく思われていません。市長や区長などはそれなりの地位ですが、それ以外の公務員は社会的地位は高くありません。大卒以上で面接を受けて合格すれば市役所や区役所で公務員として働くことができるようです。日本の公務員のように、就職倍率が高いわけではなく、簡単になれる職業だと思われており、実際のところ、簡単に公務員になることができます。

日本の公務員のほうが優れているところ
●日本の公務員はルーマニアの公務員よりも丁寧に対応してくれます。たとえば日本の区役所、市役所等ではさまざまな部署に立ち寄って手続きしなければならないこともありますが、その際、日本の公務員は次になにをすればいいのか、どの窓口に行けばいいのかを丁寧に教えてくれます。これがルーマニアになると、公務員は自分の部署以外のことは知らない。もしくは知っていたとしても自分の仕事が増える可能性があるため、教えてくれません。

日本の公務員に関するドイツ人のコメント

真面目、几帳面な国民性もあって、なにかと日本と比べられがちなドイツ。そんなドイツの人々は日本の公務員に対してどんな印象を抱いているのだろうか。日本に住んだ経験のある方、日本を訪れたことがある方から生の声が届いたのでお伝えしよう。

- **とにかく仕事をどんどん片づけていこうとする印象を受けた。一つひとつがとてもスムーズだ**
- **奥さんと一緒に役所に行ったけど、プロフェッショナルな仕事ぶりだと感じたよ**
- **仕事に対する責任感が強いね**
- **マニュアルは本当にしっかり作られている。システマティックだ**
- **日本は公務員の待遇がいいって聞いたよ。仕事ぶりも丁寧でそれにふさわしいと感じた**
- **仕事ぶりがとても丁寧だった**
- 滞在許可の書類の件で外国人局にいったけど特別なケースだったようで、いろんな部署をたらいまわしにされて結局後日改めていかなきゃいけなかった
- **休むことなく働いていてすごいなって思ったよ**
- やっぱり残業の多さは気になるね。あんだけ働いていたら家族と過ごす時間がないんじゃないのか？
- 研修で学校に行っていたことがあるけど、朝から晩までで大変だった
- **学校の先生が部活動までやるのは大変だ。ドイツだと小学校の先生は13時にはあがれる**
- 残業時間が多いって聞いたな。仕事熱心なのはわかるけど、やりすぎはよくない
- **必要なことをスムーズにこなしているという印象を受けた。ストレスはなかったよ**
- 公務員だからというわけじゃないけど、英語をしゃべれる人が少なかったのはびっくりした
- 書類のやり取りで市役所にいったけど、どこも清潔で嫌な感じがしなかった
- **役所とか順番待ちのシステムがしっかりしているのがよかった。ドイツだと横入りとかまだまだあるしね**
- 道に迷っていた時にお巡りさんに親切にしてもらった。助かったよ
- **災害時の映像をテレビで見たことがある。自衛隊の人たちの活躍は素晴らしいと思ったよ**
- **対応がとてもフレンドリーなのには感動した**
- **笑顔で対応してもらったことを今でも覚えている。ドイツだとにこりともしてくれないことが多いから**

NYでもミラノでもない、ニッポンがお手本だ！
おしゃれ大国

ともすれば自己表現が下手と言われがちな日本人だが、ことファッションに関しては話は別。日本人のおしゃれな服装、着こなしは海外からの一目置かれているという。正直なところ、「日本人はおしゃれ」と言われてピンとこないところもあるが、街ゆく人々を見慣れてしまった私たちには気づかないなにかがあるのだろうか。彼らが日本人に感じる"おしゃれ"に注目してみよう。

ニッポンに世界中から熱視線！

あゝ、ユカッタ！

浴衣に魅せられ、浴衣を着てみて、

やっぱりニッポンの夏はコレよね！

夏のおしゃれといえばやっぱり「浴衣」。若者はもちろん、最近は外国人観光客たちからも支持され、浴衣を着て街歩きに出かける人も増えているという。今や花火大会の定番ファッションとなっている浴衣はどのようにして生まれたのか。一般財団法人民族衣裳文化普及協会の本部講師・鎌田弘美さんにお話を伺った。

Text by Hiroya Maeda

浴衣に関する外国人のコメント①

●日本人の浴衣姿は美しいなぁ

●夏に日本に行ったけど、
浴衣を着た美女を見たことが一番の思い出だ

●浴衣を着てる女の子って、見とれちゃうよね！ クロアチア
●浴衣を着た女性は女神様のようだ！
●浴衣を着た男性もカッコイイわよ！

●女性が浴衣を着るとゴージャスに見えるし、
男の人が着ると涼しげに見えるね！ アメリカ

　↑完璧な衣服だよ。
日本の夏は浴衣姿の女性の威力がハンパない！ アメリカ

webサイト『訪日外国人！海外の反応』『キキミミ』『こんなニュースにでくわした』より

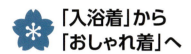「入浴着」から「おしゃれ着」へ

　浴衣の誕生は平安時代にさかのぼる。貴族が風呂で着ていた「湯帷子」が浴衣の前身だ。

　風呂といっても、当時のお風呂は「蒸し風呂」。水蒸気でやけどをしないように肌を保護する衣服が必要だった。それが湯帷子である。

　湯帷子は麻の単衣。吸水性が高く通気性もよい麻は、入浴着としてうってつけだった。「麻は日本の至るところに自生していて、平安時代でも比較的手に入りやすい植物でした。それも入浴着として気軽に使えた要因ですね」（鎌田さん）

　安土桃山時代には、入浴中だけでなく湯上がりにも浴衣を着るようになった。

　そして江戸時代、浴衣は「現代の形」にぐっと近づく。気の短い江戸っ子たちは、風呂上がりの格好そのままで外出するようになった。「汗はしっかり吸い取ってくれるし風もよく通る。こんなに便利な普段着はねぇじゃねぇか」というわけだ。

　折しも江戸時代は、相撲や歌舞伎といった町人の娯楽が成熟した時期。人々は人気の力士や歌舞伎役者が着ている浴衣の柄を真似したりするなど、「おしゃれとしての浴衣」が一大ブームになった。浴衣は単なる便利な普段着としてだけではなく、「かっこいい服」としても社会に認知され始めたのだ。

　「人気のスポーツ選手や芸能人が着ている服を真似したくなるのは、現代に生きる私たちも共感できる気持ちですよね（笑）。江戸の街を描いた時代劇を見ても、江戸時代、浴衣がいかに愛用されていたかがわかります」（鎌田さん）

藍染めに隠された秘密

　浴衣が「夏の定番」になったのは、吸水性や通気性だけが理由ではない。

　夏に煩わしくなるものといえば「蚊」。実は、浴衣には虫除けの機能も備わっているのだ。

　秘密は染料にある。現在のように化学染料なんてなかった時代。浴衣はもっぱら、手に入りやすい藍で染められていた。その藍の香り成分こそが、虫除けになるのだ。藍染めの浴衣に、蚊は近づきたがらない。浴衣を着れ

47

ば、涼しいうえに、蚊の煩わしさにも悩まされることなく快適に夏を過ごせる。浴衣が「夏の定番」になるのは自明の理だ。

「しかも、なんと都合のいいことに、藍が染みこみやすい素材が麻なんです。相性抜群。運命の出会いだったんですね」(鎌田さん)

藍染めの麻。活躍の場は浴衣にとどまらない。就寝時に用いる蚊帳の素材としても使われた。

日本同様に藍の効力を存分に活かしていたのがアメリカ先住民、ネイティブ・アメリカンだ。

転々と居を移しながら荒れた地に住むことも多かったネイティブ・アメリカンにとって、「虫除け」は切実な課題だった。そこで彼らは、鮮やかな藍色の染料・インディゴで普段着を染める。

ジャパンブルーとインディゴブルー。今ではどちらもジーンズの色として定着しているが、元をたどれば美しい色合いとともに「虫除け」という機能も求めて染めたために生まれた色だったのである。

浴衣とジーンズ。まったく違う衣服に見えて、「機能性から普段着へ、普段着からおしゃれの対象へ」という同じ歩みを進んできたということだ。

「藍染めは、色の鮮やかさとともに機能性を備えていたからこそ、こんなにも長い間受け継がれてきたのだといえます。たとえば、現在ではメロン染めやラベンダー染めなんかもあって、それぞれ美しい色を出していますが、その土地で歴史とともに歩んでこなかったものは、昔も、そしてこれからも着物として残ることはないでしょう。最後まで生き残る染め物があるとしたら、それはやはり藍染め等の植物染料になるのでしょうね」(鎌田さん)

まだまだある「浴衣」の工夫

浴衣に凝らされている「暑い夏を涼しく過ごすための工夫」はまだまだある。

女性と子どもの着物に備えられている「身八つ口(みやつぐち)」。身頃の脇の空き部分だ。脇縫いを縫い合わせずに空けておくことで腕の可動域を広げるとともに、通気性も保っている。

女性の着物、浴衣は一見、暑さに弱いように感じられるが、実際は見た目さほど暑さを感じない。それは「身八つ口」のおかげでもある。

男性の着物、浴衣の場合身八つ口はふさがっており、キリッと着られる。さらに腹を帯で締めることで背筋が伸びる。シャンとした姿勢がまた、涼しさを醸し出す。

素材面から見ても構造面から見ても、浴衣には一切の無駄がない。すべてが「暑さを凌ぎ、快適に過ごす」目的に集約されている。

その合理性が、外国人の心を捕らえたのだろうか。最近は外国人観光客にも浴衣がブームとなっている。感想を聞けば「思っていたよりも着やすい」、「体型を隠してくれてありがたい」、「京都の暑い夏も全然気にならない」と、誰もが浴衣を大絶賛だ。

日本人にも外国人にも、誰にでも似合ってしまう。これが浴衣の最も優れた「機能」なのかもしれない。

和服が「日本人の精神」を育んできた

平安時代に生まれた浴衣。そして同じく平安時代の十二単を原点とする着物。明治時代に洋服が入ってきてからも、浴衣や着物は長く日本の一般市民の生活を支えてきた。

良質な和服は、そう簡単には傷まない。一

浴衣に関する外国人のコメント②

●浴衣を着ると自分がプレゼントになったみたいなの。キレイな布で丁寧にラッピングされているみたいで。すごくカワイイ `デンマーク`

●浴衣ってとてもかわいいわ。でも包まれてきつかったり苦しくないのかしら？
●浴衣って苦しいのよ、きれいだけど着るのが大変なの。変な歩き方になるし。

●浴衣を着るとまるで魔法のようにエレガントで優雅な歩き方になるよね。最初は慣れなくて転びそうになったけど

●去年の夏にわたしのホストファミリーが着せてくれたんだけど、浴衣の帯が苦しくて。私は諦めて男物の浴衣を着てました（笑） `アメリカ`

↑最初の帯締めが苦しかったんでしょ? でも浴衣をきれいに着た姿は本当にステキよ! 今度はチャレンジしてみて
●浴衣を着るのって大変だけど、本当に気分は最高よね。なんて表現したらいいのかわからないくらいに `ドイツ`

webサイト『訪日外国人！海外の反応』『キキミミ』『こんなニュースにでくわした』『海外の万国反応記』より

部が破れたとしても、人々はつぎはぎをして手当てし、「お古」として次の世代へと受け継いだ。

和服は「究極のリユース衣料」だと鎌田さんは語る。

「一枚の服が数十年にわたって大事にされ、子どもの世代どころか孫の世代まで受け継がれるなんて、洋服ではあり得ない話です。形そのものに流行り廃りがないから、いつまでも古くならない。それも浴衣や着物のよさのひとつですね」（鎌田さん）

「いい物を長く大事に」、「捨てるなんてとんでもない。まだ直して使える」。今や世界共通語となった、日本が誇る「もったいない」の精神は、浴衣や着物によって育まれてきたともいえる。

加えて、複雑できめ細やかな修繕は日本人の手先を鍛えた。身の動きが制限される和服を着ることで、日本人の立ち居振る舞いは自然と奥ゆかしいものになった。そう考えれば、「和服が日本人の素養をつくった」といって

も過言ではないだろう。

浴衣が再び脚光を浴びている。これは私たち日本人が「日本人らしさとはなにか」を見つめ直す、いい機会なのかもしれない。

「若い人がどんどん浴衣を着るようになっています。本当に嬉しい限りです。はじめは難しいことを考えず『かわいい！』、『安い！』で選んでいい（笑）。でも少しでも興味を持っていただけたなら『これはなんていう染め方なのかな』、『その染め方はどこの地方で受け継がれているのかな』なんて思いを馳せてもらえるとさらに嬉しいですね」（鎌田さん）

日本が生んだ、世界一機能的でおしゃれな服・浴衣が、今年の夏も街を彩る。

取材協力

民族衣裳文化普及協会　www.wagokoro.com

日本の優れた民族衣裳および、その染・織・文様・造形等に関する知識を普及して一般の理解を深め、民族衣裳の伝統技術の伝承および研究を奨励。文化の発展に寄与することを目的に設立された。着付け指導のみならず、「きものdeおもてなし文化事業」や子供も参加しての浴衣づくりなど和服に接するイベントを日本各地で実施。国の内外を問わず、着物文化を発信し続けている。

浴衣に関する外国人のコメント③

◉日本はズルいぞ! 花火も浴衣もきれいすぎるだろ!

◉浴衣を着て日本の夏祭りに参加するのは、とっても気持ちよさそうだ

◉僕も浴衣を着た彼女と花火を見に行けたらいいのになぁ ドイツ

　　↑浴衣を着るといつもと違って見えるよね! カナダ

◉たしかに日本人は夏に素晴らしい"着物"を着ているね!

　　↑浴衣というの。形は似ているけど、着物よりも生地が薄くて夏に着るのよ

◉私は日本にいたとき、
夏には毎回夏祭りに出かけていたわ。本当に恋しい。
浴衣を着て、通りの夜店で食べるのが好きだったの

　　↑私も日本に住んで学校に通い、伝統や文化を体験したいと思っているの。

夏祭りで浴衣を着ている自分を想像したら、涙が出そうになった。早く日本に行きたい!

　　↑伝統的な服を着て、食べ物を食べて、一緒に歌って踊ることは、文化を学ぶには最高の方法だ

◉3年間日本に住んでたの。日本大好き。中学生の時、お祭りで浴衣を着られることがすごく嬉しかった!

今では外国人が異文化を真似ると『文化の盗用』って声が言われ続けてるけど、

私は自分が浴衣でいるときに変な目で見られたことは一度もなかった。

　　↑素晴らしいわ! 私も浴衣を着たときに周りの目がちょっと怖かったけど、

浴衣っていう日本文化を楽しんでる私たちを見て、どの人たちも本当に盛り上がってくれた! 貴重な体験になったわ

　　↑外国人が浴衣を着てもいいんだってちゃんと言ってくれる人がいてうれしい。

文化的に不適切だ、とかいう人がいるけどその理由がよくわからないよ

　　↑日本人は絶対に文化盗用なんて言わないよ。

あんな寛容で親切な人たちがそんなくだらないことを言うわけがない アメリカ

　　↑そんなことを言うのは常識人づらしたバカなアメリカ人だけだ アメリカ

　　↑そうそう。くだらない奴らね。自由に着てもいいと思うし、TPOをちゃんと守れるかどうかの問題だけだと思うよ

　　↑日本で浴衣を着た旅行客をたくさん見たわ。みんなきれいで、日本人もたくさん褒めてた。

あれを見たら、外国人は着物を着るなっていう人がバカみたいに思える。日本人は誰ひとり言ってないのにね

　　↑日本人は浴衣を着る外国人を歓迎してくれるわ! 私も日本に行ったとき、浴衣を着るように勧められたし

◉東京で浴衣をオーダーメイドできるとこありますか?

どうせ「外人が似合わないもの着ちゃって」と思われるならいっそ上等なの買っちゃおうかなぁと思って

　　↑浴衣はいろんな色、柄があるから、似合わない人なんていないんじゃない?

それに日本人はそんなこと思わないわよ。着てみればわかると思うけど

　　↑白人男はどうしてもな……。浴衣を着ると
どいつもこいつもジェダイにしか見えないのがな……
　　　↑お前が浴衣だと思って着ているそれな、
それは長襦袢というものだ。本来は着物の下に着るものだ
　　　↑長襦袢を着て街を歩くのはマズい?
パジャマで街を歩くようなものなの?
　　　↑女性下着をつけて歩くようなものだ、バカもの

◉俺は今、浴衣で盆踊りをしている女性を見ながら、酔っぱらってる。日本に来て最高によかった

◉日本に行ったとき、友達が浴衣をプレゼントしてくれたの。
そのときは着せてもらってお祭りに行ってとても楽しかったんだけど、母国に持ち帰って着てみたら帯が結べなくて……。
帯って5フィート（150㎝）もあるんだよ！
　↑私は近所のおばさんに手伝ってもらっているわ
　↑帯は誰かにやってもらうのが一番！
◉浴衣って、着るのも脱ぐのも手間がかかりそう　アメリカ
　↑先週、私の女友達が東京に来て、一緒に花火を見に行ったの。
その時、着付けに丸一時間かかったわ　アメリカ
　↑楽しかったと思うけど、毎日着たいと思う？
　↑絶対嫌だ（笑）
　↑本当に美しくて、浴衣を着ていると、本物の日本のお姫様みたいよね。
でも、浴衣も着物も着るのはとても難しそう。
たぶん、毎日着るものではないんじゃないかと思うわ
◉浴衣を一度着ようとしたことがあるけど、かなり着付けが難しかったな。
誰かに助けてもらわないと着れないよね（笑）
◉自分一人では絶対に着れない……
◉浴衣を愛しているし、大好き。とても美しくて女性的だと思う
　↑私も大好き。世界中の人々が浴衣を常に着ればいいのに思う
　↑同意！

◉私も浴衣が大好き！
今からでも日本女性になりたいくらいよ

◉私は日本人じゃないけど、日本の文化、芸術が大好き。浴衣も3着くらい持っているわ
◉私は日本に住んでから日本の伝統衣装に強く魅せられて浴衣や着物をいくつか集めたよ
◉浴衣ってすごい華やか！　私は中国人だけど、過去数十年の政治的な理由から、中国の伝統的な衣装は
ほとんどすたれてしまったよ。日本には今もそういう文化が大切に受け継がれていて、日本人がうらやましくなる
◉浴衣とか着物みたいな伝統衣装を着る習慣がちゃんとあるってのはいいことだよね

◉浴衣は日本の美しい文化のひとつ。
今でもこの日本を象徴する衣装を着ている人が
いるというのは恵まれていることだと思うな

◉未来に向かいつつ、過去の伝統や文化を
尊重しているところが日本が好きな理由のひとつ　オーストラリア

◉浴衣や着物は世界の伝統衣装のなかでもベストだと言いたいね
◉日本の女の人が着ている紫の浴衣がほしい！　とても鮮やかだったわ！
◉女性には毎日浴衣を着てほしいものだ。とても魅力的に見える
◉浴衣は美しい
◉浴衣って、すごくゴージャスよね！　わたしも早く自分の浴衣がほしいな

webサイト『じゃぽにか反応帳』『訪日外国人！海外の反応』『キキミミ』『こんなニュースにでくわした』『海外の万国反応記』より

阿波踊りの一コマ。鮮やかな藍色のラインが目に鮮やかだ　写真●時事通信

暴れ川が育んだ藍

阿波踊りで知られる徳島県は、藍染めで使われる藍の生産量が全国1位。
藍は栄養に恵まれた肥沃な土地でしか育たないため、連作に向かないと言われています。ところが徳島県には坂東太郎（利根川）、筑紫次郎（筑後川）とならぶ日本三大暴れ川・四国三郎の異名をもつ吉野川が流れており、この吉野川が毎年のように氾濫することで、山からの栄養たっぷりの土が新たに運ばれてきます。春に種を蒔き、夏に刈り取る藍にとっては、これが「種蒔き→収穫→台風などの影響による氾濫で土地更新」という好循環となっているのです。
また、吉野川は山からの栄養を運ぶだけではなく、出来上がった染料を運ぶための水路としても活躍。これが徳島県で藍の生産、藍染めが盛んになった理由とされています。
藍で染められた布は、本文中でも紹介した虫除け効果のほかに、あせもやかぶれに対しての殺菌効果もあり、その点でも夏の浴衣にぴったりと言えます。また、藍で濃く染められた布は強度が高く、燃えにくい性質を持つために、火縄銃の紐や、江戸時代には火消しの半纏などにも用いられていました。

藍に関する外国人のコメント

◉日本の藍染めされた洋服は虫よけ効果もあるから、夏によく着られるんだ

◉**藍には耐火性と殺菌効果があるなんて知らなかった！
藍染めの洋服は着れば着るほど、
藍色が濃くなっていくんだよね……とってもすてき！** イギリス

◉藍がまず植物だってことを今まで知らなかったよ！　鉱石かと思ってた アメリカ
◉すべて自然素材だから素敵！
藍染めはかなりの労力と忍耐力を試されるけど、一体どうやって人々はこの方法を生み出したんだろう？

◉**本当に美しい色合いね。日本のことを思うたびに、
このジャパンブルーを思い出すと思うわ** フランス

◉ブルーは一番自然に少ない色素なんだよ。鳥やチョウ、ほかの動物でもほとんど色素を持たない。
それどころか青く見えないような構造を作り出してる。藍は本当に独特なんだ。そしてだからこそ美しい！

◉**藍色以上の青さは存在しない！**

◉藍染めの布を買いたい。きっとめっちゃ高いんだろうな〜

◉**日本に行ったときに、藍で染められたタオルを買ったんだ。
美しすぎて本来の役割ではなく、額縁に入れて飾っている**

webサイト『海外まとめネット』『どんぐりこ』より

藍の収穫量ランキング

順位	県名	収穫量（t）
1位	徳島県	75.0
2位	沖縄県	31.6
3位	北海道	15.0

順位	県名	収穫量（t）
4位	兵庫県	4.2
5位	青森県	1.0

（出典：総務省統計局2010年公開）

藍の染料の元となるのは葉っぱで、意外にも？　藍の花は淡いピンク色をしている

葛飾北斎「東海道五十三次　川崎　藍染の染物をしている図」にも描かれているように、江戸時代には徳島のみならず、北海道から沖縄まで全国各地で藍染めが盛んに行われるようになった。　写真●アフロ

ニッポンの美容室、天国かよ……

外国人が王様気分を満喫中！

理容室と美容室。それぞれが置かれる状況は変わったが、髪を切る美容（理容）師の仕事は、微増ながら増え続けている。月1回、2カ月に1回など頻度の違いはあっても、誰もがお世話になっている美容室でも日本はやっぱりはすごかった？

Text by Kazuki Otsuka

日本人の美容室に関する外国人のコメント①

◉僕はいつも日本に行くときは近所の美容院に行くのを楽しみにしているよ。そこで過ごす1〜2時間は、自分へのご褒美なんだ。一番好きなのはコールドシャンプーとスカルプマッサージ。夏なんか、もう最高だよ!

◉日本の美容院は本当に素晴らしい。安くはないけど、値段以上のものを提供してくれてるよ。贅沢なフルサービスが気に入っていて、僕はもう何年も同じ美容師さんのところに通ってる

◉日本の美容室では王室の一員になった気分を味わえるわよ。丁寧で礼儀正しくて、優しくて。すごくリラックスできる

↑私も同じことを思ってた。まるでお姫様ねって。髪を洗ってもらっているとき、あまりの気持ちよさに寝ちゃったこともあったわ

◉日本での散髪はアメリカとは全然違うのよ。日本の理容室・美容室、本当にいろいろ行ったわ。彼らの細部への集中力、顧客満足度に対する姿勢は目を見張るわよ。日本に行く予定があるなら、ヘアカットは断然オススメよ! アメリカ

◉日本の美容院が大好き。カットのテクニックは素晴らしいし、マッサージもシャンプーもどれも申しぶんない

◉日本で髪型を変えるとおしゃれさがハンパない。ちょっと母国に帰るには気恥ずかしいほど

↑俺も国に帰ってからかわれたことがある。でもかなりお気に入っていて、いまでもその髪型だ

webサイト『パンドラの憂鬱』『The 訪日外国人!』『黄金の国ジパング』より

ネパール人が日本の理容室の虜に?

韓流ブームの喧騒と反対方向、東京新大久保駅付近は、イスラム圏諸国出身者による多国籍化が進んでいる。なかでも、百人町付近にはリトル・カトマンズと呼ばれるネパール人街があり、約1500人のネパール人が住んでいるという。その百人町で人気なのが、理容室『キングB・B』だ。

もともとカット技術に定評のあるクラシカルな美容室だったが、口コミでネパール人が列をなすようになった。カット千円台の安さも人気の秘密だが、ネパール人たちが絶賛するのが再現性。現地で人気の髪型、芸能人の写真を持っていけばその髪型にしてくれる。もうひとつ、『キングB・B』にネパール人は集まる理由にシャンプーがある。ネパールでは、「お湯で髪を洗うとハゲる」という俗説があり、多くの人がそれを信じている。『キングB・B』では、ネパール人のリクエストに応え、冷水での洗髪に対応している。

この例を見るまでもなく、日本で美容・理容室を利用した外国人は、その技術、サービスに驚き、感動すらするという。なぜ日本の美容室は優秀なのか?

まず外国人が驚くのが、日本人理容・美容師のカット技術の高さだ。なぜ技術が高いのかの説明の前に、なんとなくしか知らない理容師と美容師の違いについて説明しておこう。日本では古来、髪結いという人々がいた。武士の時代になり月代を剃って髷を結う床屋が誕生、明治になると断髪令が発令され、床屋の仕事は髪を結うことから切ることになった。理容師と美容師は、理容師法(1947年制定)、美容師法(1957年制定)によって定められている国家資格。それぞれ、「頭髪の刈込、顔そり等の方法により容姿を整えること」(理容師法第1条の2第1項)、「パーマネントウエ

ーブ、結髪、化粧などの方法により、容姿を美しくすること」（美容師法第2条第1項）という役割があり、理容師はまつ毛エクステができない、美容師はカミソリなどで顔を剃ることが原則認められていないなど、できることが限られている。

コンビニよりはるかに多い理美容室

かつては男性は理容室、女性は美容室という暗黙の了解があったが、現在は男性も美容室に通うようになり、理容室の数は激減。美容室が過去最高の24万7578店を記録する一方で、理容室は12万965店に減っている。日常生活に必要で、街々に必ず複数あることを考えると当たり前だが、日本における美容室は、ドラッグストア1万5049店舗、コンビニエンスストア5万6374店舗に比較しても圧倒的に多い。

そのぶん競争も激しく、技術力、サービス、価格競争などにも勝ち抜かなければいけない。こうしたシビアな環境で日本の理容師、美容師は鍛えられていった。

選ばれし者の専門職 理容師・美容師って実はスゴい!

日本の理・美容師がスゴい理由①
国家試験と免許制度、美容学校の充実

百人町の理容室、『キングB・B』に集うネパール人が驚いた日本の理容師のカット技術については、第一に国家試験に合格した者だけが名乗れる免許制であるということが根拠になるだろう。年2回行われる美容師試験の合格率は毎回ほぼ80％を超えているので狭き門というわけではないが、お客さんの前に立つためには実技や筆記試験に受からなければならない。特に数で勝る美容師は高校卒業後、美容専門学校を経て国家試験に挑戦する

例が多く、職業として「なり方」が確立されている。

「そんなの当たり前だ」と思う人も多いかもしれないが、免許制度をとっている国は実は多数派とは言えない。日本のほか、アメリカやマイスターの国・ドイツ、韓国などは免許制を敷いているが、ファッションの国・イタリア、紳士の国・イギリスなどのヨーロッパ諸国は免許がなくても美容師として働くことができる。特にイギリスは、かのヴィダル・サスーンを生んだ、ヘアーサロン先進国。国家資格ではないのが意外だが、日本からも美容師留学をする人がたくさんいることからも、技術が劣るということではなさそうだ。

いずれにしても、日本では国家試験、制度化されていることで、それを目指してしっかり勉強する、技術向上に取り組む仕組みができていることが理容師・美容師の技術の安定を担保しているのは間違いない。決められたことをきちんとやるのはやはり他国に比べればまだまだ得意なのだ。

日本の理・美容師がスゴい理由②
美容師泣かせの日本人の髪質、頭の形

カット技術が高いもうひとつの理由は、日本人の髪質、頭の形などの髪を切られる側の条件にもあった。日本人の髪質は、硬く、量が多く、その割に内面はもろく、まとまりにくい。直毛が多いが、天然パーマに悩む人もいるし、多毛の人もいれば、毛量が少なくてボリュームアップを求める人もいる。

日本の美容師たちは、重いイメージの日本人の黒髪をカラーで染める以外にもすきバサミで"すく"技術を多用する。頭の鉢が張っていればそのポイントを長さを変えずにボリュームダウンさせる。これは欧米人相手のカットではそもそも必要ない技術。しかし日本では、どこの理容室、美容室に入っても、当たり前にこうした技術の使い手にお目にかかれる。

なぜか日本人に多いと言われている"ゼッペ

キ"頭をフォローする後頭部のボリュームアップもお手の物だ。日本人の特殊な髪質、頭の形に合わせ、トップ、サイド、バックを立体的に捉え、バランスの取れたカットを行うためには、それ相応の技術が必要というわけだ。

ハリウッドスターの写真を渡して、「これにしてください」が成就しないのは、カットの問題よりも髪質、頭の形、なにより依頼者に問題がある場合が多いのは、実は写真を渡した本人が一番良くわかっていることだったりする。

海外で美容師をしている日本人の声によると、欧米人の柔らかい髪質は切りやすいことこの上なく、アフリカ系のクセの強い髪質も日本人相手に身につけた技術があれば難なくこなせるという。

日本の理・美容師がスゴい理由③
道具も一流　世界に誇る美容バサミ

カット技術の必須アイテムと言えば、美容バサミだ。世界でも有数の刃物大国である日本は、もちろん美容バサミの分野でも世界をリードしている。千葉県松戸市にある水谷理美容鋏製作所の理・美容師向けのハサミは、5万円以上と高価格にもかかわらず職人の手仕事による精緻な技術力で買い求める人が後を絶たない。同社のハサミの売上げの海外比率も60％弱というから、世界での評価の高さが窺い知れる。

100年の歴史を誇る東光舎の美容向けシザーズは、ツイッギーの大胆なショートカットが世界を席巻した1970年代、会社としては海外進出していないのにハサミが先行して有名になる現象が起きたという。

ヴィダル・サスーンのお膝元、ロンドンに日本人学生が東光舎の美容室用の小さなシザーズを携えて留学する。当時はドイツ製の美容バサミが主流だったが、そのハサミの使い心地に驚いた現地のヘアデザイナーたちが東光舎のハサミを絶賛。問い合わせが増えたことで、イギリスに代理店を置くことになったという逸話もある。

元美容師が立ち上げたプロ向けのハサミメーカー、ヒカリは東京板橋に本社を置いているが、世界17カ国に代理店を持ち、アメリカ、ロシア、アジアなどで、現地美容師向けのカット講習会を行っている。日本の美容ハサミとカット技術、ノウハウを輸出することで、製品販売につながった例だろう。道具が優れているからできることが増えて技術が上がる、より良いものを求める顧客がいるから、ハサミを作る技術や工夫も向上していく。そこには技術とものづくりの幸せな循環が見られる。

外国人からしたら異次元の体験おもてなしの国の理・美容室

髪を切るというメインディッシュの実力はもちろん、日本の理容・美容室は、きめの細かい「おもてなし」でも群を抜いている。というか、海外では、髪を切ること以外のサービスはほとんど受けられないと言ってもいい。どんな髪型にするか、写真や雑誌の切り抜きを渡して終わりということもあるだろうが、日本の多くの美容院では、髪質の悩みなども含めたカウンセリングが行われる。丁寧なシャンプー、オプションでの各種トリートメントも日本ほど充実している国はない。カットが終わればドリンクが出てくることも珍しくなく、簡易的なマッサージを行う徹底ぶりだ。

理容室でも、顔剃り、髭剃り、熱いおしぼりのサービスにはまる外国人もいるという日本には、美容室、理容室はたんに髪を切る場所ではなく、身だしなみを整える場所という文化が定着している。

日本の理容室、美容室のスゴさは、制度面で生まれた理容師、美容師のたしかな技術と、ものづくりの技術、おもてなしの心がかみ合って生まれた、日本でしか起きない小さな奇跡なのかもしれない。

日本人の美容室に関する外国人のコメント②

**◉ヘアーカットに行くだけでも日本に行く価値があるよ。
もうさ、完全に別次元の技術だよ……**

◉日本のストパー技術はすごい。
私は12年以上かけてる。ドライヤーの温風もアイロンも使わなくて済む。ただ洗うだけでいいからすごくいいと思う
◉日本の美容室の髪型オシャレー!!! フィリピン

**◉原宿で髪を切ってもらったけど、
1時間半かけてなにもかも完璧に仕上げてもらったわ!!
こっちじゃ同じ値段でも、時間もかけないで
サイテーな髪型にされるんだから!** オーストラリア

◉イギリスのヘアサロンに比べて、日本の美容院は超クール!
切った髪の毛もきれいに取ってくれるし、嫌いになる要素なんてないでしょ?

**◉日本の美容室はかなりのリフレッシュになるわよ。
カット後のシャンプーもしてくれるの!
アホなイギリスの散髪屋なんて、
頭や首が髪の毛だらけのままでおしまいなんだから** イギリス

◉日本の美容室に行くと欧米のサービスがどれだけひどいかってことがよくわかるよ
◉日本の美容室、いいよね。こっちのことをすごく丁寧に扱ってくれる。個人的には頭のマッサージがお気に入り
◉日本の髪型オシャレだよねぇ!! 香港
◉日本風のヘアスタイルも格好いいよね! カナダ

**◉日本で髪を切ると
男性でもkawaii感じになるよね（笑）** アメリカ
　↑ちょっと軟弱に見えちゃうんだよね

◉日本の美容室ってかなり時間と手間をかけてくれるよね
　↑僕にとってはちょっと時間がかかりすぎかな。
髪の毛も洗いすぎで、自然の脂まで洗い流しちゃってるような気がするし。自分にはシンプルなほうが合っているかも
◉僕も前に日本の人にカットしてもらったことがあるんだ。でもカット後のボリューム感に当惑してしまった。
かなりすかれちゃったんだよね。自分はボリュームがある感じのほうが好きだからさ
◉アメリカの美容室でも日本みたいにマッサージとかしてもらえたらいいのに
◉髪を切るためだけに日本へ行きたいし、首のマッサージをしてもらいたいね
◉日本に来たとき、急に思いついて、おしゃれな美容院に入ろうって話になったんだ。
いきなり外国人の男2人がお店に入ったにも関わらず、店の人は平然とニコニコしながら感じよく迎えてくれた。
しかも閉店時間ギリギリだったのにね。すごく親切で丁寧な対応だった。髪をカットしてもらった友人は
「人生で一番かっこいい髪型になった!」って喜んでた（笑）。僕にもコーヒーを出してくれたり、本当に感動したよ!
リピーターにはならない観光客ってわかってただろうけど、ほかのお客さんと同様、平等に扱ってくれて嬉しかったな

**◉スゲ〜〜な。
俺も日本の美容室行きたい……。いつかでいいから** インドネシア

webサイト『パンドラの憂鬱』『The 訪日外国人！』『黄金の国ジパング』より

日本の理容室に関する外国人のコメント

**◉日本の理容室って超絶念入りだぞ。
機会があればぜひここに行ってみてほしい！**

◉すごく注意深くて、熟練の腕の持ち主。これが日本の理容師に対する印象。まさにプロフェッショナル
◉日本の理容室はなにもかもがアメリカよりはるかに上 `アメリカ`

**◉ミスター理容師さん、どうかカリフォルニアに来てください。
近頃のアメリカの理容室はヒドイもんです**

◉日本に行くたびに髪を切ってもらってる。日本の理容室が大好きなんだ。顔剃りサイコー！ `アメリカ`
　↑髭を剃ってくれるなんて聞いたこともなかったよ。日本スゲ～
　↑こっちでそんなサービス受けたら、2倍は金をとられるよ `メキシコ`
◉日本の理容室ではおでこや眉毛の間にある細かい産毛まで丁寧に剃ってくれるよ。
「さすが盆栽が生まれた世界」って考えるとあの技術も納得できるよね
◉日本では顔剃りの前に、熱いタオルを顔に乗せるのはなぜなの？
いつも疑問なんだよね。自分で髭を剃るでタオルを使ったことは一度もないんだけど、誰か説明してくれない？
　　↑温かいタオルで顔の毛穴を開かせて、髭をカットしやすくするんだよ。深剃りが可能になるんだ
　　　↑なるほど！　毛穴のことなんか考えもしなかったな。日本人はそんなところまで考えてたのか……
◉日本に住んだら月に一度くらい理容室に行ってみるのもいいな。
日本の理容室は濃いヒゲを剃ったり、敏感な肌に対する扱いが上手いからね
◉日本に行ったら時間を使ってでもいい理容室を探してみようかな。
こんなに至れり尽くせりなら最高だし、今まで理容室でそんな経験したことないよ。ぜひ体験してみたい
　　↑たしかに。アメリカで日本のような心のこもったサービスを受けられるとは到底思えないしね

**◉ヨーロッパの理容室ではカットした後、
髪を洗わないんだよね。日本がうらやましい**

◉日本の理容師さんみたいにプライドをもって仕事をしている理容師がこっちでは最近少なくなってきているよね。
はい洗った、はい切った、はいとかした、はい全部終わり。40ユーロね。なんて店も多い。日本に住んでみたいよ `イタリア`
◉日本の散髪の技術は素晴らしいね。
日本みたいな技術のある理容師さんがアメリカにもいたらいいのにって思うよ。
アメリカの理容室では日本みたいに時間をかけないんだ。いかに早く終わらせるかってことだけを考えているよ。
行く前よりももっとボサボサになって帰ってきたりもするしね

**　↑サクラメントの理容室なんて、
ただ切って、アルコールでちょっと顔を拭いて、
はい出てけって言うだけだよ**

◉日本の理容業界は世界一だと言いたい。
みんな仕事に誇りを持ってるんだ。埼玉の行きつけだった床屋が恋しいよ。
そこの店主がまた素晴らしくて、英語も話せたんだ。
かなり年配の方だったけど外国のヘアスタイルを学ぼうとしてたし、「short back and side」を説明したら、
すぐに勘で理解してくれた。彼ほど審美眼や才能のある床屋さんに出会ったことはないし、
このコメントは彼に捧げたい。恩に着ます、ヨシさん `イギリス`

◉日本人よりいいサービスを提供できる人なんていないよ

webサイト『パンドラの憂鬱』『The 訪日外国人！』『海外反応 翻訳部』より

ニッポン人がおしゃれすぎて、いったいなにを着ていけばいいの!?

外国人困惑、

Text by Kazuki Otsuka

個人よりも集団の調和を大切にする国。和をもって貴しと為す日本では、海外のどの国と比べても個性のない、「人と同じ」を極端に好む民族とされてきた。

ところが、これがファッションの世界となると事情が違う。ダークスーツを制服のように無難に着るサラリーマンや、黒かグレーのリクルートスーツ、学校の制服など、没個性の象徴のような装いも多く見られる一方で、一般的には奇異で奇抜なファッションが時代とともに姿を現しては消えていった。

海外から見れば日本は、「寒色、暗い色を着ている寂しい国」であると同時に「カラフルで、サイバーで、最先端なファッション先進国」でもあるのだ。両者の埋めがたい差が外国人の「Why Japanese people?」を増幅させている。

日本人のおしゃれに関する外国人のコメント①

●**日本のファッションは先進的すぎる。おしゃれはロンドンやLAじゃダメだわ**

●俺も欧米より日本のファッションが好き。100%日本のファッションのほうが欧米より先進的で優れているよ

●**日本はほかの国に比べてファッションで遥かに先を行ってるよ。信じられない**

●日本はもう何十年も流行の先を行ってるよ。マジで俺たちは日本のストリートウェアを追いかけてるだけだし アメリカ

●**控えめに言っても、日本は世界で一番着こなしがうまいと思うわ**

●東京は世界一ファッショナブルな都市だよ
●わたしの地元で東京の女性みたいな格好の人を見かけたら、ファッションブロガーかインフルエンサーだと思うだろうな。それくらいみんなおしゃれだった

webサイト『パンドラの憂鬱』『すらるど』『どんぐりこ』より

日本のおしゃれの発信地 原宿誕生秘話

　日本の個性的なファッションと言えば、真っ先に名前が挙がるのが「原宿」だろう。戦後、進駐軍の住居などが立ち並ぶ軍用地だった現在の代々木公園を含む一帯は、占領後には「ワシントンハイツ」として引き続き米軍人とその家族が住まう異国情緒のある地域だった。原宿が明確に存在感を示したのは、1964（昭和39）年の東京オリンピック前後だったという。

　米軍所管の「ワシントンハイツ」とその一帯が、正式に日本に返還されたのは1961（昭和36）年のこと。代々木体育館、オリンピックのテレビ中継の拠点として現在のNHK放送センター、そして選手村などが建設された。そこから原宿は、ワシントンハイツの異国情緒をわずかに残しつつ、人が集まる場所、特に若者が集まる街へと姿を変えていった。

　いまや海外のファッション好きからも一目置かれるファッションアイコンになった「原宿」の源流は、この歴史なしに語れない。表参道は言うまでもなく明治神宮の参道だが、ワシントンハイツが健在だった頃、このエリアにアメリカ人向けにさまざまな店が建てられた。有名なのは、キデイランド（KIDDY LAND）。当時は橋立書店として、周辺に住む外国人向けの雑貨やおもちゃなどを取り扱っていた。現在も外国人で賑わう表参道の本店ビルに移ったのは1966（昭和41）年からだが、表参道の異国情緒を反映した雑貨店、おもちゃ屋さんが、いまや海外からの観光客の旅行ガイドにも載る名物店になり、日本におけるバレンタインデー、ハロウインの認知度向上に大きく貢献したと言うから、原宿の歴史の因果はなんとも不思議だ。ちなみに橋立書店の創業関係者は、急激なチェーン展開などがたたって経営から手を引いており、現在はタカラトミーの傘下になっている。もうひとつ、通常、KIDDY LAND＝キディランドと発音するが、表記上はキデイランド。誤記ではないのであしからず。

「アメリカからの輸入」で始まった日本の若者ファッション

　すっかり原宿の説明になってしまったが、アメリカの空気感を残したまま若者の町に変貌を遂げた原宿が、その後、日本の若者文化の発信地になっていくのは必然だった。日本の若者文化の特徴は、和洋折衷。新しいもの、与えられたものを自分たちなりにアレンジしてかっこよく、そしてかわいくアレンジすることにある。

　最初に姿を見せたのは、日本のファッション界の伝説とも言える石津謙介氏率いるVANが提唱したアイビー（IVY）ルック。アメリカのカレッジ、アイビーリーグに所属するエリート学生たちのファッションスタイルを取り入れたものだった。アイビールックは、アメリカの若者文化を直輸入したものだったが、「アイビールック」という言葉やそのムーブメントは日本限定のもので、その後のプレッピーファッション、DCブランドブーム、紺ブレの流行など、青山寄りの原宿のキレイめファッションの端緒となった。

　70年代、80年代になると、1977（昭和52）年に開始された原宿駅前から青山通りまでの約2.2キロの歩行者天国がさらに若者を呼び集めることになる。1998（平成10）年まで、約20年間続いた原宿の「ホコ天」には、原色の衣装を着て踊る「竹の子族」やロカビリーを愛する「ローラー族」、バンド演奏をする「ホコ天バンド」など多様な若者たちがひしめき合っ

アイビールック銀座に集う。撮影当時（1966年8月）、銀座・みゆき通りにはアイビールックが目立った。
写真●共同通信

62

円陣を組みラジカセから流れる音楽に合わせて踊る竹の子族。振り付けは自分たちで考え、グループごとの個性が光った。1980(昭和55)年撮影。　写真●共同通信

ラジカセから流れるロカビリーにあわせて踊るローラー族の若者たち。1981(昭和56)年撮影。　写真●共同通信

ていた。

　50年代のロカビリーファッションを好むローラー族と、奇抜なファッションに身を包んだタケノコ族はまったくの別物と思われているが、ブームの当事者の証言によると、舘ひろし、岩城滉一などを生んだロックバンド、クールスに関わるローラー族が、ディスコで目立っていた一団に「原宿で一緒に踊ろう」と声をかけたのが竹の子族のはじまり。その一団が原宿の「ブティック竹の子」の服を着ていたことから竹の子族と呼ばれるようになった。

　アメリカナイズされたローラー族と竹の子族は対立軸で語られることも多いが、そのはじまりを見ると、原宿、そして日本の若者ファッションの独自性を象徴しているような気もする。要するに、いいものはいい、好きなものを好きと言える、新しいことを取り入れることを厭わない寛容性こそ、日本に個性的なファッションが生まれる源泉なのだ。

　加速装置（アクセル）、唖朶琉斗（アダルト）一日一善（いちにちいちぜん）、乱奈阿珠（ランナーズ）……。面白いのは竹の子族のグループの名前だ。まるで暴走族のような当て字ネーミングが並んでいるが、たしかに竹の子族の衣装のなかには特攻服を彷彿とさせるものもあった。暴走族から暴力を排除し、ファッションとカルチャーだけを純粋培養したものが竹の子族とまで言い切ってしまうのは乱暴だが、なぜか漢字を取り入れたり、着物や和のテイストを感じさせるような折衷を行うあたりは、実はいまにも通じている。

ギャルからロリータ、kawaiiへ

　90年代はおとなり渋谷で、ギャル文化が最盛期を迎える。コギャル、アムラーは、日本の無個性の象徴とも言える「制服」を自分なりにアレンジするところから始まった。明らかな校則違反であろう金髪はおいておくとして、スカートを短くし、レッグウォーマーのようなルーズソックスをくしゅくしゅにして履く。規則に縛られているのにそこを逸脱している。このミスマッチが、海外のファッション関係者の目を引いた。

　その後、ガングロ、ヤマンバと、ますます過激化していくことになる女子高生を中心にしたギャル文化だが、海外から純粋にそのファッション性が評価されているわけではなさそうだ。外国人から見れば、奇抜さの背景に個性を重視しない日本社会、若者を規則でが

あまりに対照的？なガングロファッション（左）とロリータファッション（右）だが、どちらも周囲に気兼ねすることなく、自身の好みを表現しているという共通点はある。これらのファッションを許容し、認める日本の社会も外国人が羨む点だという
写真●Rodrigo Reyes Marin/アフロ（左）、共同通信（右）

日本人のおしゃれに関する外国人のコメント②

●俺は日本の人たちのスタイルが大好きだ。本当に独自性があるから！ **ドイツ**

●**日本人のおしゃれこそ、独自性ってものだよね。攻めのファッションをする勇気を持ってる人に拍手を送りたい** **カナダ**

●**アメリカで個性的な服を着たら偏見を持たれるだろうから腹が立つ。自分は日本人のファッションを賞賛したい** **アメリカ**

↑たしかに日本じゃなかったら、「それはないわ」って感じになるだろうね **シンガポール**

●日本は色々なスタイルの服装の人がいて興味深いし面白い **コロンビア**

●ファッションにしても、日本はほかの国とは違う。それこそ、まさに俺があの国を愛してる理由だよ **メキシコ**

●**日本人オシャレすぎでしょ。日本の魅力のひとつは、間違いなくファッションの多様性だな** **ウルグアイ**

●日本は素晴らしい多様性をもっているよね。ファッションっていうのはそうあるべきだと思う

webサイト『パンドラの憂鬱』『どんぐりこ』『海外まとめネット』『海外の万国反応記』より

んじがらめにする日本という異文化があり、その文脈も含めてファションとして捉えているという話もよく聞く。

ギャル文化が隆盛を誇るなか、原宿では脈々と受け継がれてきたロリータ・ファッションがひとつの潮流を作るようになっていた。ロリータ・ファッションは、ウラジーミル・ナボコフの小説『ロリータ』（1955）に由来する"少女"をモチーフにした日本独自のファッションだ。18世紀のヨーロッパでスカートをバルーン状に保つために着用したパニエ、丸襟のシャツ、リボンやフリル、レースによる過剰とも言える装飾は、中世ヨーロッパ風なのに中世ヨーロッパにはない不思議なファッションなのだ。

1970年代にはＭＩＬＫ、ピンクハウスといった広義のロリータ・ファッションの原型ブランドが誕生していて、そこには、『ベルサイユのばら』がそうであるように、「日本人が憧れる理想の西欧、中世ヨーロッパ」へ

の想いが込められているという分析もある。

ロリータ・ファッションはその後、ゴシック・アンド・ロリータ（ゴスロリ）、映画『下妻物語』で一般的にも有名になった甘ロリなど、さまざまな発展を遂げ、直接的ではないにしてもkawaii文化にも影響を与えていく。『下妻物語』に登場したロリータ系ブランド、BABY, THE STARS SHINE BRIGHT（ベイビー・ザ・スターズ・シャイン・ブライト）は、2007（平成19）年にフランスのパリ・バスティーユに初の海外店舗を開店。パリっ子たちにとっては「逆輸入」ではなく、日本から奇抜で新しいファッションがやってきたという感覚だったというから面白い。

ゴスロリ衣装に身を包み、イギリス生まれのヘヴィメタルを歌う日本のボーカル・ダンスユニット、BABYMETAL（ベビーメタル）も海外でものすごい人気を博しているが、こちらも日本ならではのヘヴィメタルの再解釈、新機軸として受け入れられている。

65

世界を席巻するkawaiiに日本的な要素はあるか？

きゃりーぱみゅぱみゅのコンサートを訪れた、原宿系ファッションのコスプレをするフランスのファンたち。　写真●共同通信

ロリータと並んで海外人気が爆発しているのが、原宿発のポップカルチャー「kawaii」だ。わかりやすいアイコンとしては、歌手のきゃりーぱみゅぱみゅ。カラフルな色使いとデフォルメされた大胆な造形、アーツディレクターである増田セバスチャン氏がプロデュースするショップ『6%DOKIDOKI』に代表されるようなファッションが、アメリカの超有名歌手、ケイティ・ペリーらにも大ウケ。Kawaii文化＝原宿好きを公言するセレブも数多くいる。

ロリータにしてもkawaiiにしても日本人の目から見れば、「日本らしさ」はあまり感じない。しかし、外国人から見れば、ギャル文化の項で示した文化的考察も含め、新旧融合、ごった煮、カオスなものこそ「いかにも日本的」なファッションとして受け止められているようなのだ。

加えて言うと、新世代のジャパニーズファッションには、黒船、開国、文明開化とともに入ってきて、戦後当たり前になった洋装、洋服以前の日本のファッション、和服、着物のテイストも生かされている。ロリータや kawaiiに和装との直接的な関係性を見出すのは難しいが、90年代に大阪発で一部にカルト的な人気を誇ったブランド「卓矢ヱンジェル」の服に身を包んだ「ヱンジェラー」たちは、和洋折衷のネオ和服に合わせて下駄を履いて街を闊歩した。

卓矢ヱンジェルについては、大きな水引をモチーフにしたり、背中に天使の翼を背負っていたりと、当時かなり異質なものとして捉えられていたが、そのカラフルさは現在のkawaii文化に通じるものがあり、浴衣や着物、帯などを取り入れ、忍者の武器、甲冑を感じさせるようなデザインは直接的な意味での「日本らしさ」をポップカルチャーに持ち込んだ。

独自のファッションセンスが若者の支持を集める

きゃりーぱみゅぱみゅに関する外国人のコメント

●きゃりー、かわいすぎ！　世界中にきゃりーと同じ服を着たファンがいますよ〜！

●きゃりーの洋服、めっちゃカワイイ！でも日本に行かなきゃ手に入らないのよね

↑そして、日本でなきゃ着られない……
●彼女のライブに行くために、ハンドメイドで服を作ったわ！

●あの独特のファッションは日本だよね〜。日本じゃなきゃ、成熟していなかった

●ファンのみんながきゃりーの衣裳に合わせてきて、会場がすごく楽しかった

エンジェラーほどではないにしても、最近の肩を抜いたような浴衣の着こなしや、帯を前に結ぶような花魁スタイルに日本の伝統である和服、着物をおもちゃにしている、だらしないとの声もある。しかし、客を魅了するためのシンボリックな存在として町を練り歩くこともあった花魁は、着物がもっとも映える着こなしをしていたという説もある。職業差別的な話ならいざ知らず、花魁の着物の着こなしを否定する資格は、クローゼット中が洋服で埋め尽くされている我々にはないだろう。

日本人は昔からおしゃれ？ ファッションはカオスから生まれる

　原宿や渋谷に生息する個性的なファッションの若者たちは、一般的な服装、世間的な常識に照らし合わせれば、かなりぶっ飛んだ格好をしている場合も多い。こうした格好の先輩と言えば、戦国時代末期から江戸時代に江戸や京都に出没したという「かぶき（傾奇）者」たちだろう。コミック作品『花の慶次』に登場する前田慶次でだいぶ有名になったが、そもそもかぶき者とは、茶道や和歌などをたしなむ「数寄（奇）者」よりもさらに傾いたもの＝傾奇者という意味がある。茶筅髷を結い、舶来物のマントを羽織って、大きな刀や脇差し、煙管をくわえる姿はまさに当時のエンジェラー。かぶき者のなかには徒党を組んで狼藉を働き、庶民に迷惑をかけていた輩もいたようだから、人畜無害な現代のファッション特化型かぶき者と、その点は比べてはいけない。

　その後、出雲阿国がかぶき者のファッションを一部取り入れて始めたかぶき踊りが歌舞伎となり、歌舞伎役者は江戸のファッションリーダーになったわけだから、かぶき者のファッションセンスが現代のポップカルチャーに受け継がれていると言う見方もあながち強引でないだろう。

　江戸時代には生地や裏地の柄にこだわったり、根付（タバコ入れや印籠などを紐で帯から吊るす際に用いた留め具）に凝ったりする「隠れたおしゃれ」が風流とされた。こういうしゃれた旦那衆文化もあれば、歌舞伎役者のように見た目の鮮やかさ、派手さで人々を魅了するおしゃれもあった。結局、江戸の世から東京は、さまざまなベクトルを持つおしゃれが混在するカオスなファッションタウンだったというわけだ。

　まったく別の観点から「日本の若者のファッションが個性的な理由」を挙げるなら、よく言われていることではあるが、若者が自由に使える金額が多いということだろう。お小遣いの平均額を並べて、海外に比べて日本の子どもたちは服を買う資金が潤沢だという話は、以前からよく聞かれる。しかし、長引く不況、世界的な若者の物欲減少を見ると、日本の若者たちだけが「お金持ち」で、服にお金を使う「余裕」があるとは言い切れない。それよりも、日本の若者たちがおしゃれに貪欲で、そのほかのコスト、資質を抑えても洋服を買ったりおしゃれに投資したりしていると見るのが正しいのかもしれない。

　個性を抑圧されてきたから、校則や制服の反動で、というネガティブな理由はあるかもしれないが、日本人はおしゃれをするのが好きという事実はたしかにありそうだ。

　海外から言われるほど無個性でも、自分たちが思うほど全体主義でもない。ファッションについては、和装の時代から混沌と混乱を恐れず、新しいものを取り入れ、自分なりの解釈でアレンジする。そんな日本人の環境と精神が、日本人には見えづらい、でも海外からははっきりと見える「日本人らしさ」という個性を生んでいるのかもしれない。

Profile

大塚一樹（おおつか かずき）

1977年、新潟県長岡市生まれ。
大学在学中から作家・スポーツライターの小林信也氏に師事。独立後はスポーツを中心に、ビジネス、医療、ITなどジャンルにとらわれない執筆活動を展開している。携わった書籍は『オーダーメイドスーツを着る人の成功習慣』、『人を振り向かせる"さわぎ"のおこしかた』など多数。

日本人のおしゃれに関する外国人のコメント③

●日本から帰ってきたばかりだけど、日本人の着てる服はすごく印象的だった

●東京と京都で人間観察した時に感じたことは、とても最先端なオシャレをしてると思った。
私はすごく好きだと思ったわ

●休暇で行った日本から帰ってきたばかりなんだけど、みんなこざっぱりしててスタイリッシュで驚いたよ

●前回、日本に行った時は自分が場違いで変な格好をしてる感じがしたんだよね。
夏でたくさん歩くから普通の生地やデニムのショートパンツと半袖の襟付きシャツ、テニスシューズだったんだけど。
日本人はなんかこう、洗練されたファッションだった

●今、日本にいる（初めての日本）。
日本人女性はすごくおしゃれだね

●今度日本に行くんだけど、
Tシャツにジーンズで行くつもりだから、
俺は究極的にマイノリティーになりそうだよ　アメリカ

●僕が日本に関していつもスゴイなぁって思ってるのは、歴史や伝統もそうだけど、まずファッションなんだよ。
みんな違うスタイルの服を着てて感動を覚える　チリ

●日本の街中を観察するのって超楽しそう。
それぞれの人が自分の好きな服装をしてるんだもん。南米だとみんな似たような服装ばっかだから　チリ

●日本は洗練されてる人ばかりだ。こっちの人間はファッションなんか全然気にしてないよ。
社会において、見た目って大事な要素なのにね　アメリカ

●日本のファッションは流行に流されすぎるアメリカとは全然違う。俺も日本が好き

●欧米ではみんな同じ格好をしてる。つまらないよ。日本で個性を出してる人を見るといいなって思う

●おしゃれに関しては日本の圧勝だよ。
欧米に来るものはすべて日本が発祥だから
　↑欧米では批判されるようなことでも
日本では挑戦できるからね

●4週間日本にいて気がついたんだけど、同じスタイルの人っていないんだよね。
みんながみんな、自分だけのスタイルを持ってるの。
残念ながらオーストラリアの場合は、男も女も全員まったく同じような格好。
同じ生地、同じ色、同じデザイン、同じお店。
なんでかって言うと、自分だけ目立っちゃうのが不安だから。
そういうのは本当に悲しく思う　オーストラリア

●「そうきたか」ってスタイルも多いけど、誰も気にかけないわけでしょ？　これは日本に行きたくなる　アメリカ

●日本の人たちは、周りを気にせず自分が好きな服を着るんだな……　ポルトガル

●フィリピンの人にも、日本人みたいなファッションのよさを理解してほしいって本気で思う。
もしこっちで、特に街中であぁいう格好をしたら、周りの人たちは批判してくるし、変人扱いされちゃうのよ。
私はオシャレな格好が本当にしたいけど、周りの目が気になっちゃう……。
あーーーっ！　日本人のファッションが大好き　フィリピン

　↑ハハ、そう、日本人は好きな服を着るし、周りもなにも言わない。
私の国でもそうなればいいのに　プエルトリコ

◉オシャレな国では、
独創性を出すことは自然な衝動なんでしょうね　香港

◉日本の男の人たちは、
どうやって着飾るのかを本当によく理解してる！
だから日本の人たちが好きなんだよね！
どうしてアメリカの男性はああなれないんだろ！　アメリカ

↑同意。ブーツに太いパンツが定番のアメリカ人よりオシャレだよね。日本人はクリエイティブだと思うよ　香港

↑欧米の男たちだって、もっとオシャレをしようと思えばできるんだよ。
だけど周りにからかわれるから、オシャレをやめちゃうんだ　イギリス

↑だけど日本人の男性のファッションって、ちょっと女の子っぽくない？　もちろん全員がってわけじゃないけどさ　ロシア

↑たしかに日本の男性はアメリカの男性よりも女性っぽい。
だけどアメリカの男性にももっとあればって私が思ってる。品とスタイルが日本人にはあるんだよね　アメリカ

◉アメリカの男たちも、友達とかに馬鹿にされなきゃもっとオシャレすると思うんだよ。
日本に行った時は、派手な格好をする自由をすごく感じたもんね　アメリカ

◉うーん、日本の男性のおしゃれさは
「メガ」が付くくらいホッットですね～　チリ

◉よっし、来世は日本に生まれてみるかな　メキシコ

◉日本に行ったとき、男の人が一人としてジャージとかサッカーのユニフォームとか、
そういうラフな服装をしてる人がいないことに驚愕したんだが　アルゼンチン

◉日本人のファッション大好き。男の人のも女の人のも。みんな自分のスタイルってものを持ってるよね　チリ

◉本当に色んなスタイルがあって、皆ユニークで素敵！　アメリカ

◉私がファッションにハマったのは日本に住んだせいだ

↑わかる！　私も日本に行って本当に開眼した。実際ファッションに復帰した主な理由でもあるし。
日本では見るもの全てがエキサイティングで、
自分がどれだけ服が好きだったかを思い出した

◉休暇で東京に行くまでファッションについては全然気にしてなかった。
ファッションに気を使う人は変だと思ってたくらいなんだけど、東京の人はみんなおしゃれで、それなのに自然だったな

◉うちの大学には日本からの留学生がたくさんいる。
みんな信じられないくらいおしゃれで、今まで見たなかで一番おしゃれなグループじゃないかと思うほど

◉私が働いている大学では、日本人留学生が一番おしゃれだと思う。
それが日本文化とどういう関係があるのかは知らないけど、
平均的なアメリカ人の学生よりファッションに気を使っているのはたしかだ

◉うちの大学に来てる日本の学生は
いつも人目を引いてるな。
彼にとっての大問題はどの服飾店に行っても
そこのスタッフだと間違われること

webサイト『パンドラの憂鬱』『どんぐりこ』『すらるど』『海外の万国反応記』『こんなニュースにでくわした』より

内面の美しさを兼ね備えた日本女性に、おしゃれなだけじゃない!

外国人、思わずため息

「ニッポン女性の着こなしがステキ!」、「私もニッポンの女性のような服が着てみたい」など、日本の女性に憧れる外国人のコメントを紹介してきたが、もう少し深く彼らの本音を探ってみると、見た目だけではない、「日本の女性だからこそおしゃれに、美しく」見える点に言及する方が多い。外国人は日本の女性になにを見聞きし、感じているのだろうか。日本女性の根底に流れる武家の作法に触れつつ、その本質に迫ってみたい。

Text by Nakamurakatabutsukun

凛とした美しさ

　日本女性の美しさは様々あるとは思うが、多くの日本人が納得できるものをひとつ挙げろと言われれば、「凛」という言葉に象徴されるものではないだろうか？　いわゆる、凛とした美しさ。これを我々は好むうえに、理想とする。しかし、「では、凛とした美しさ」とはなにかと言われると、「これだ」という、はっきりしたものをなかなか示すことができないのもたしかだ。

　凛の意味を調べてみると「態度などが引き締まっているさま」、「寒さが厳しいさま」、「身や心が引き締まる様子」などがある。これに「美しさ」が加わると孤高かつ鮮烈な精神性を纏うことになる。つまり、我々にとっての美しさとは精神性を第一に考えるものであり、外見は二の次というよりは内面を磨くことで自然に外側も磨かれるという考え方をずっとしてきたのだと思われる。

　では、凛とした美しさを持った女性はどのようにして内面を磨いてきたのだろうか？

　ここで思い当たるのが花嫁修業や行儀見習いという昔ながらの制度。江戸時代から戦前にかけては、結婚を控えた女性たちは武家に短期間住み込むなどして礼儀作法を覚えることを理想としていた。武家に伝わる所作やルール、考え方などに触れることで花嫁として必要なことや、良き妻としての立ち居振る舞いを身につけていたわけだ。また、庶民の娘から武家の娘までが共通していた花嫁修業とはお裁縫と家事全般で、戦前の家庭では家族の着物を仕立てるのは妻の仕事であり、綿を均一に入れることが難しい布団を一人で縫い上げられれば一人前と言われていた。もちろん、料理をするのも、あるいは料理の指図をするのも妻の仕事で、家の奥向きのことはすべて妻が行い、夫も口を出せない決定権もあった。だから、妻たちは奥様と呼ばれたわけで、この奥様やお祖母様たちが凛とした美しさを持っていることが多かったのだ。つまり、日本女性の美しさの源には武家の作法が脈々と受け継がれていたのである。

 ## 礼法は上手な身体の使い方の集大成

　武家の作法といって思い出されるのは小笠原流礼法が代表的だろう。鎌倉時代から武家社会に伝えられてきた弓馬術礼法が一体化した小笠原流は、「武士としての気高い心の持ちようと、見た目にも美しく正しい体の使い方」を伝えるもの。しかし、礼法と聞くとどうしても我々は「目上の人にお辞儀をする時の腰の角度は30度」などといった堅苦しいものをイメージしてしまい敬遠しがちだ。

　ところが、実際の小笠原流礼法は、骨格や筋肉の付き方を理解したうえで、どうしたら効率的に動けるか、疲れずに動けるかを考えて完成したもので、実は上手な身体の動かし方の集大成だったのだ。

　例えば、小笠原流礼法で、ふすまを左から右に開ける時には最初に左手でふすまを開け、引き戸が身体の正面にきたら、右手に替えて開ける、となっている。片手で開ければ楽なのにわざわざ両手を使って面倒くさいと思う人もいるだろうが、これは身体の作りに合わせた身体操作をしているだけなのだ。最初から右手で一気に開けようとすれば、どうしても左側にあるふすまの取っ手を身体をねじって取りにいくことになってしまう。こんなことを毎日やっていたら身体にいいわけがないので、最初は左手を使い、あとから右手を使うやり方が生まれたのだ。これは食事の時も同様で、右側のお椀は右手で持ち、左側にあるものは左手で持つのが小笠原流の基本ルールなのである。小笠原流小笠原流三十一世宗家・小笠原清忠氏の著作によれば、「日常の立ち居振る舞いを通して、力強く疲れにくい体をつくる方策」が礼法なのだという。

美しく立つには「耳を肩から垂らす」

　そんな小笠原流の基本のひとつが「まっすぐに立つ」ということ。私たち現代人はたしかに「まっすぐ立つ」ことが上手にできなくなっている。猫背になったり、お尻を突き出すいわゆる出っ尻になってしまったり、右肩が下がってしまったりと、なかなかきれいな立ち姿を維持できない。このバランスの悪い立ち方を骨格に応じた自然な立ち姿に戻すのが、「立つ」ということだ。

　そもそも正しく立った時の上体の姿勢とは「耳は肩に垂れ、顎が浮かず、襟がすかぬよう」というのが小笠原流に伝えられるものだ。耳は肩に垂れとは、耳の線が肩におりるようにすることで、以下、顎は軽く引き、首は服の襟との間が開かないようにする。こうすることで首が背骨の上に乗って力学的に安定するのである。また、内臓にムリな負担がかからないので健康にもいい。まっすぐに立つと美しいだけでなく、健やかな身体になるのだ。

　小笠原流では昔から「骨の少ないところを鍛錬せよ」と言われているが、骨の少ないところを鍛錬して筋肉をつけておくとやはり身体は安定して美しい立ち居振る舞いを実現することができるという。

 ## 歩くことは後ろの足を前に出すこと

　もうひとつ「歩く」ことも重要で、小笠原流の歩き方の定義は「歩くとは後ろの足を前に出すこと」だ。「えっ!?　そんな常識的なことなのか!?」と拍子抜けしてしまった読者もいるかもしれないが、宗家の言葉によれば、いまの日本人は「後ろの足を前に出さず

室町時代に確立した武家の作法「小笠原流」にのっとって再現された結婚式

日本の女性に関する外国人のコメント①

●日本人女性は自分たちを過小評価してるし、西洋人女性を過大評価してるよ。
俺は日本人女性のほうがはるかに好きだよ。礼儀正しくて、相手のことを尊重しようという優しさがある　**イギリス**

●日本人の話し方と振る舞い方が好き　**フランス**

●長らく日本に住んでるけど、間違いなく欧米よりも日本人のほうが美しい人が多いよ。
外見も中身も。日本人女性は女性らしさを大切にしてるのも素晴らしい　**アメリカ**

●日本にいて感じるのは、
日本人女性の思いやりの深さかな。
彼女たちは思いやりの気持ちを自然に身につけている。
私ももっと思いやりのある女性になりたい。
それと日本人女性の髪質は素敵だと思う

↑わたしも完全に同意するわ。歩き方、笑い方、食事を食べる姿も日本女性の動作に見惚れちゃう。
そしてあの艶やかな黒髪！　シルキーでつやつやで……。
それとあのアーモンド型の目ときれいな肌もうらやましい。……キリがないわ（笑）

●私も日本に生まれたかったな。いまから日本女性の
振る舞いを学習しようとしても難しいもの　**マレーシア**

webサイト『パンドラの憂鬱』『海外まとめネット』『海外反応！I LOVE JAPAN』より

に、引きずって前に踏み出すようにして歩いている」という。これで歩くと身体が左右に振れてしまってバランスが悪くなり、腰痛や関節痛の原因にもなってしまう。

では、どう歩けばいいのかというと、「身体の重心を両足の中心に置いた状態で後ろの足を動かす」といいらしい。といっても、これが結構難しい。いまの日本人は西洋的な文化にすっかり染まり切ってしまったため、歩き方も西洋式に前の足に体重を乗せて前に踏み出す歩き方になってしまっている。しかし、それで歩くとどうしても後ろの足を引っ張ってくる動作になりがちなのだ。一方、日本人が長い間培ってきた歩き方は、あくまで重心は身体の中心に置いたまま後ろの足を前に出すやり方で、戦前の日本人、あるいは江戸時代の日本人はそうやって歩いていた。車で例えると、西洋式は前輪駆動で、日本式は後輪駆動と言えるかもしれない。ただし、後輪駆動と言っても後ろの足のふくらはぎを使って

足を蹴り出していたわけではなく、内腿を使って身体の重心を移動していたのだ。これが西洋式との大きな違いとなる。

日本式歩き方は重心を移動させる

この内腿を使った歩き方が美しい歩き方の基本だが、いざ、そうやって歩こうとしてもなかなか歩けない。なぜなら、ほとんどの人が足を蹴り出す方法で歩いているため、内腿の筋肉が衰えてしまっているのである。よって、美しく歩くためには、準備段階として、内腿の筋肉を鍛える必要が出てくる。といってもなにか特別な器具がいるわけではない。靴下を履いて床や畳の上に立って足を前後左右に動かすだけでいい。

それでは、まず両足を肩幅よりやや広めに開き、重心を中心にしたまま内腿の筋肉だけを使って足の裏を滑らせるようにして閉じた

り、開いたりしてほしい。やってみるとすぐにわかるが、これが意外に難しい。続いては、足を前後に約一歩分開いて、さきほどと同じように重心は中心に残したまま、足を滑らせるように閉じたり開いたりする。繰り返すが、必ず靴下を履いた状態か、乾いた雑巾などの上に乗った状態で行うこと。慣れてくると「後ろの足を前に出す」感覚が掴めてくるので、美しい歩き方のためにも、健康のためにも試してほしい（『一流の人はなぜ姿勢が美しいのか』小笠原清忠著を参照）。

おんな武士道

　美しい立ち方、歩き方がわかったところで、再び話を日本女性の凛とした美しさに戻そう。最初にも指摘したように、日本人が考える美しさとは、内面を磨くことで自然に外側も磨かれていく、というものだ。つまり、大切なのは内面であり、精神性ということで、箸の上げ下げやお辞儀の仕方は言うに及ばず、立ち方や歩き方まで、それこそ生活のすべてにおいて息づいているから美しい所作となるのである。

　では、生活のすべてにおいて息づく精神性とはなにか？

　答えはシンプルで武士道だ。江戸時代から今日まで私たち日本人は、美の基本は常に武士道にあると考えてきた。その証拠に、商家の娘が行儀見習いに行く先は武家であり、小笠原流も根本は武術。武家の身体の使い方と精神性こそが日本の美の源なのである。

　そもそも私たちはずっと武士文化が大好きだ。江戸時代の町人たちだけではなく、現代人だって日本文化とはなにかを考えていくと武士道へと落ち着く。ただし、残念なのは武士道がずっと男性だけのものだと思われてきた点だ。

　実を言うと、武士道は男性だけのものではない。武士道は女性にもあるのだ。といっても、女性が守るべき武士道が別にあるという意味ではなく、武士道に男女の差はないという意味だ。

　このおんな武士道については幕末明治の剣豪・山岡鉄舟が『山岡先生武士道講話記録』のなかで、「武士道は男子に限るものではない。人間である以上、男子女子の区別はない」とはっきり語っている。また、勝海舟は男女に差がないどころか、「傑士が大事業を成した事跡を探ると大略女子から励まされてやっているよ」と語っているほどだ。「男子だとて女子だとて道義の観念にたごうことはない」というのが二人の意見なのである。幕末の三舟（勝海舟、山岡鉄舟、高橋泥舟）のうちの二舟が武士道に男女の違いはないと言っているのだから間違いはないだろう。

　ちなみに、なぜ、海舟や鉄舟が「男女の区別はない」といった発言をことさらにしているのかというと、明治期の日本には男女同権や四民平等の思想が一気に入ってきて、これが新しい教育だ、西洋文化だともてはやされていた。そうした西洋文化の牽引役だったのが福沢諭吉だが、海舟も鉄舟も福沢とは反りが合わなかった。その理由は、福沢たち西洋文化の牽引者たちが日本文化の破壊者でもあったからだ。当時、明治政府の要職についていた人間はこういう考え方が多く、文部大臣の森有礼などは日本語を廃して日本の国語を英語にしようとまで考えていたほどなのだ。鉄舟たちが武士道に男女の区別はないとあえて語っているのは、声高に男女同権など言わなくても昔から日本は男女同権で、その形が西洋のものと少し違うだけで「さえずるな」と言いたかったわけだ。

　また、福沢らが日本文化を排除しようとしたために日本の美しい所作や習慣が軽んじられる傾向を作っていったのだ。

「レディファースト」と「三歩下がって…」

　とはいえ、実際、江戸時代の日本は本当に男女同権だったのだろうか？

日本の女性に関する外国人のコメント②

●日本人の女性は（男性もそうだけど）、常に上品で、礼儀正しく、親切に接してくれる **アメリカ**

●**日本人女性は「ごめん」、「ありがとう」という言葉をちゃんと口にするよね。素直にそう相手に伝えられるってステキだわ**

●対象をひとくくりにしてステレオタイプに語るのは好きではないけど、日本人の女性は正しいことをする人が多いと感じる。他人を思いやったり、親切にしたり

●新宿御苑で子供を叱っている女性を見たけど、諭すように言い聞かせつつ、でも最後はにっこり笑っていて、すごくステキなママだなと思った

●**他人に優しく、自分にはちゃんと規律を課している印象がある** **ドイツ**

●**日本人って素敵よね。私は彼女たちがうらやましい。かわいさと優しさにかけては日本人女性の右に出るものはいないと思う** **フランス**

webサイト『パンドラの憂鬱』『海外まとめネット』『海外反応！I LOVE JAPAN』より

鉄舟らも言っているように、武家にとっては男女の違いはもともとなかった。ただし、それは「女にだって男の仕事はできる」といったウーマン・リブ的なものではなく、男の仕事と女の仕事ははっきり分かれており、そこに上下はなかったということだ。つまり、妻の仕事は家事であり、夫の仕事は外での働きということで、武家の場合は、家事とは家を守るという重要な役目であった。前述したように妻は家の奥向きで家事の指図から必要に応じて実際の作業まですべてをこなして、一族郎党の城である「家」を守っていた。一方、夫が外に出て仕事をしてくるのも「家」という一族郎党の城を守るためであって、どちらの仕事が尊いか、といった比較などにまったく意味がなかった。

明治４年生まれの杉本鉞子著の『武士の娘』には「日本の家庭では家内のことはすべて女性に決定権がありました」とはっきり書かれている。

また、多くの人が誤解しているが、「妻は三歩下がって夫の後ろを歩く」といった風習

も男尊女卑が理由ではない。武家の夫婦が外出する時に妻が三歩下がって夫の後ろを歩くのはなにも夫を立てているわけではなく、突然何者かに襲われた場合を想定してのことなのだ。『使ってみたい武士の作法』（杉山頴男著）によると、妻が夫の後ろについて歩くのは刺客に襲われた際に妻と並んでいると、妻とぶつかって凶刃を避けられなかったり、妻が巻き添えになったりすることが考えられるためで戦いやすさを優先していたのだ。しかも、妻は前にいる夫にただ守られている存在ではなかった。夫が刺客の初太刀をかわしたら、妻は後ろから手に持っている風呂敷包みを敵に投げつけて夫の反撃のタイミングを作る、という役目すら担っていたようなのだ。出典がはっきりしない説ではあるが、割と流布されている話なので一考に値するものはあるだろう。冷静に考えてみても武士の妻がただただ夫のうしろについて歩くだけの存在だったと考えるほうがおかしい。当時の女性は薙刀など一通りの武術の心得があるのが普通なので、手弱女と考えるほうが間違っている。

明治中期〜後期、薙刀の訓練をする女学生　写真●イマジンネット画廊所蔵／共同通信

　日本では武士に限らず、家を守ることが最重要であり、夫婦はともに家を守るために戦ったのだ。

　また、だからこそ、日本の女性はキリリとした美しさを持っていたのだ。守るべき大切なものがあり、守るための手段と責任を持っている。そのための作法と覚悟も身に着けているから美しいのである。

　ちなみに騎士道にもレディファーストがあるが、実はこれにも誤解がある。女性を常に優先する紳士のマナーだとされているレディファーストだが、本来の意味は、「レディは男性より先に行動するのがたしなみ」というもので、「先に食堂に入って食事の準備を済ませておく」あるいは「夫よりも先に起きて夫の世話をする」といった意味で、もともとはレディの義務だったのだ。これは日本の女性が常に夫を立てるというのとなにも変わら

ないのだが、レディファーストが明らかに男尊女卑なのは「門や扉は女性が先に入って安全を確認してから男性を迎える」という決まりがあるからだ。門の内側が安全であればいいが、もしも敵が隠れていた場合、レディはどうなるだろうか？　まず間違いなく殺されるだろう。

　現在のレディファーストはフェミニズム運動の高まりとともに言葉だけがひとり歩きして意味が逆転してしまったが、もともとの意味は女性の命を煤払いとして使うような、これ以上ないぐらい女性を軽視した考えだと言えなくもないわけだ。

 ## 武家の娘

　前述した『武家の娘』の著者、杉山鉞子は

日本の女性に関する外国人のコメント③

●俺の妻は日本人だが、怒るとすごく怖いよ。そういうときは背中がピンと伸びるから要注意だ カナダ

↑子どもが母親に怒られる姿を想像して笑ってしまった

↑まさにそんな感じだよ！ ただ彼女のために言っておくと、普段はいつも笑顔だよ

●日本に旅行に行った時、気分が高揚して仲間と騒いでいたら日本人の女性に注意されたことがある。たくさんの人がいる場所だからって。もちろんすぐに謝ったよ。彼女の毅然とした態度に一目惚れしてしまった

●日本の友人夫婦に聞いたら、日本の女性は「男性を尊重しているようにして、実は女性が操っている」だって。日本の女の人、怖い。その友人夫婦のところもそうだって言うけど、すごく仲がいいよ

●職場に日本人女性がいるけど、彼女は仕事も速くて、みんなから尊敬されている。でも全然偉ぶらないし、どんなに忙しくても私たちのことを常に気にかけてくれる。彼女は当たり前のことって言うけど、私には真似できない アメリカ

●日本に留学したとき、ホストファミリーのママさんがすごく素敵な人った。お化粧とか料理とか、あと着物の着付けも教えてくれたの。怒ると実の親よりもっと怖いけど（遊んでて帰るのが遅くなってしまったことがあって）、他人にも親切で困っている人をほっておけない人だった

●去年、日本の留学生が私の家に住んでいたの。礼儀正しくて、きれい好きで、いつも明るくて、まだ小さな弟たち（私に言わせればモンスターよ！）にも優しくしてくれて、家族全員が彼女のことが大好きだったの。いまだに、うちの親はマユを見習いなさいって言ってるわ。なので、マユが生まれた国、日本へ留学することに決めました アメリカ

webサイト『パンドラの憂鬱』『海外まとめネット』『海外反応！ I LOVE JAPAN』『海外の万国反応記』より

明治時代にアメリカに住む日本人に嫁いだ女性で、「日本の女性は素直な外見とは反対に、内に強さを秘めている。火山と同じです」と語っている。そして、そんな女性をアメリカにも発見する。その女性は銚子の近所に住む主婦で内気で身体の弱い可愛らしい老女だった。しかし、彼女は西部開拓時代を生きた女性で、夫がいない吹雪の夜、負傷した労働者を救うためにライフル銃を持って暗闇の中を10キロも歩いた経験を持っていた。老女となったいまでも銃の腕前は一流で、小鳥を狙うヘビの頭を一発で仕留めるほどなのだ。銚子は「その方ならたしかに日本の女性に似ている」と考えるのである。

つまり、ここに洋の東西を問わず、女性の美しさを解き明かす一端があるのではないだろうか。そしてだからこそ、外国人たちも日本女性の真の意味でのおしゃれさ、美しさに心惹かれているのではないだろうか。

外見とは裏腹に内に秘めたる強さ。これが凛であり、日本女性の美の源だ。秘めたる強さがあるからこそ、立ち居振る舞いにも言動にも美しさがにじみ出てくるのだろう。

とはいえ、精神性を磨くのは一筋縄ではいかない。厳しいことを言われることもあるだろうし、高いレベルの完成度を求められることもあるはずだ。そういったなかで、美を磨くということは一言で言えば「覚悟」が必要になってくる。つまり、日本女性の美しさの核とは「覚悟」なのである。家を守る覚悟、信念を貫く覚悟、そういった精神性があるから立ち居振る舞いも研ぎ澄まされ、洗練された美しさが磨かれるのである。

Text by Zhou Bin

[第2回] 温かい心が支える 経済大国

最高のお見送り

　私の夫はマグロを日本に輸入する会社を営んでおり、私も経理の仕事を手伝っている。2人いればなんとか回るものの、夫が海外出張に出てしまうともうバタバタ。早朝4時半から築地（当時）のセリに行き、家兼事務所に戻るとすぐに子どもの朝食を済ませ、保育園へ。子どもが戻る前に掃除、洗濯、夕食の支度に加え、事務や経理の仕事、銀行とのやり取り、成田空港での荷物の検品……。とてもじゃないが、1人でこなせる仕事量ではない。夫の出張が続くとさすがに心身ともに限界を感じたので、家政婦さんを雇うことにした。

　来ていただくことになったのは、家政大学を卒業後、保育園の先生を経て私立の塾を開校した経歴を持つ60代の女性。履歴書の写真からもエレガントさのなかに奥ゆかしい人柄が伝わってくる上品な方だ。

　彼女には初出勤の朝から感心させられっぱなしだった。玄関先で外出の準備をする私に、彼女は「コートが紺色だから、靴も紺色で合わせましょうか？」と言うと、紺色の靴を取り出すとさっと磨いて靴ベラをそえて並べてくれる。さらに正座のまま私の出発を待ち、私がドアを開けると同時に「気をつけて、行ってらっしゃいませ」と、髪の毛が床につきそうなほど深々とお辞儀までしてくれるのだ。

　それは私にとって、生まれてからこのかた、最高かつ心の奥まで響く嬉しいお見送りだった。けれども、私は30代で彼女は60代。彼女のお見送りは私には丁寧すぎるように感じ、心がくすぐったくて、そしてちょっとばかり決まりが悪かった。約束の時間に間に合わないからと照れくささを隠し、さっとドアを閉めて駅に急いだ。

日本女性の心遣い

　仕事を終えて家に帰っても彼女は素晴らしかった。彼女は「お帰りなさいませ」と優しい声とともに玄関に駆けつけて、深くお辞儀をしながら私を迎えてくれた。その上、私が脱いだコートをさりげなく受け取るとハンガーに掛け、靴のホコリまで拭って下駄箱にしまってくれる。

　その礼儀正しく、配慮の行き届いた振る舞いにさらに彼女を好きになってしまったが、このまま続けられると、私のほうが精神的に負担になるとも感じ、彼女にこうお願いした。

　「あなたの送り迎えにすごく感動しました。でも、年齢的には私の母と同じくらいだし、昔、あなたは塾長でした。私はこんなに深々としたお辞儀を受けるような身分ではありません。できれば、そのお辞儀はなしで、私の母親になったつもりでサポートしていただけると嬉しいです」

　すると、彼女はにっこりと笑って言った。

　「いいえ、それは違いますよ。昔は昔。今は今。かつて塾長だったからといって、今これができないということはありませんよ。私たち日本人は今の立場に立って仕事をします。今、私

はお宅のお手伝いとして雇われたのですから、お辞儀だって仕事の一部です。我が家で毎日主人に感謝の気持ちを伝えるためにやっていることの延長線です」

私は耳を疑った。

「え？　お家でも毎日こんなふうにお辞儀を？」

「はい、日本の伝統文化の一つですよ。主人が外で苦労して頑張っているおかげで、私は家で家事や子育てに専念することができるんです。ですから、毎朝、お父さんに尊敬の気持ちを込めて、無事に帰れるようにと必ず家族全員でお辞儀をして見送るんです。夜も同じです。一日中働いて心身共に疲れているでしょうから、私は主人の帰りがどんなに遅くなっても、玄関でお辞儀をして迎えます。温かく楽しい家庭を作ることが主婦の主な仕事ですから、熱いお茶と適度なお酒で神経をほぐし、バランスの良い食事と温かいお風呂で体の疲れを取ってもらうんです。そうすれば翌日にはまた元気になって、社会に役立つ仕事に励むことができると信じて、毎日頑張っています」と彼女は真剣に説明してくれた。

思わず「ご主人は幸せですね」と、本音が口をついて出た。

「いいえ、日本人女性なら皆そうですよ。私の母なんて、父の靴下まで履かせていましたよ」。彼女はそう言って笑った。

中国では、日本女性の優しい女性らしさや思いやり、男性に愛される気質は遺伝的に受け継がれるもので、他民族の女性には真似できないと言われている。彼女の話を聞いて、それもあながち間違っていないのではないかと感じた。

「日本では男は船に、女は港に喩えられます。港は船の休憩所であり、充電の場所でもあります。疲れが取れてエネルギーをたっぷり蓄えた船は、どんな荒波でも乗り越えることができます。ですから、私たち女性は気持ちの通った暖かい港を作ることが何より大事な仕事なのです。それと同じように、今、私はお宅でお世話になっている身ですから、ここに温かい港を作ることが私の仕事で、私の使命でもあります。みなさんが幸せを感じて、もっと元気になって、お仕事に取り組むことができれば、それは私にとって最高の幸せなのです。ですから、お辞儀をするのは、私の心からの感謝の気持ちで、なにも恥ずかしがることなんかありませんよ」

温かい心の効能

当時、私たち夫婦が住んでいたのは東京タワーにほど近い谷底のような所。一年中まったく日光が当たらない古くて安い民家の一階を借りて暮らしていた。真冬には暖房をつけても、外よりも室内のほうが寒い気がする。それでも、その日以来、仕事を終えて玄関のドアを開けるたびに、温かい雰囲気に包まれるようになった。なにか見えないパワーが私の心に送られているかのように感じるのだ。出かける時も同じ。玄関で彼女から心の込もったお辞儀と優しい声を聞くと、「よし！　今日も一日がんばるぞ」と心の底からやる気が湧き上がってくるのを感じた。

一番辛く、嫌いだった成田空港での検品の仕事も頑張ることができたのは、彼女の真心の込もったお辞儀と優しい声の励ましのおかげだったと今でも感謝している。

成田での仕事が終わって軍手を脱ぐと、指先は凍りつき感覚を失っている。赤く腫れてかじかんだ私の手と出張中の主人の手を心の中で重ねてみて、主人の日々の辛さを初めて理解できた気がした。主人はいつもこんな苦労をしていたことに、そして私がいかに幸せだったかに思い至り、感謝の気持ちを込めて深くお辞儀をしたくなってきた。

そしてそれと同時に、日本経済を支える企業戦士の後ろにはこのような温かい心を持つ日本女性がいたんだと、だから日本は経済大国になれたのではないかと考えた。日本は温かい心が支える経済大国なのだと。

🍁 プロフィール

周 斌（シュウ・ビン）

1959年、中国上海生まれ。尊敬する孫文、周恩来、魯迅らが日本に留学した経験があるのを知り、日本に興味を持つ。1986年夏に日本の語学学校へ留学すると、翌年春には学習院大学経営学部に修士として入学。卒業後は大手銀行に勤めるも、結婚後しばらくすると夫の事業が倒産寸前に。銀行を辞め、夫を手伝うと3ヵ月後には黒字に転換。商才を発揮する。現在も夫の会社を手伝うかたわら、日本の文化を広める活動を行なっている。

物欲の森林で光る **made in Japan** を発掘！
amazon 米国アマゾンの反応

「グルグル渦巻きに目がまわる〜」
「ブタさんから出てる煙はなんだ？」

蚊とり線香に全米中の虫がビビりまくり！

Text by Shigeki Seike

　日本の夏の風物詩と聞いて思い浮かべるものは人それぞれだろう。かき氷に打ち水、花火、ラムネなどなど……。そして、蚊とり線香をイメージするという人も多いはずだ。昔ながらの縁側などない現代の家で生まれ育った人でも、蚊やり豚から漂うあの独特の香りを嗅げば、なぜか郷愁を誘われてしまうのではないだろうか。

　蚊とり線香が生まれたのはもちろん日本だ。だが、蚊とり線香はいまや世界各地で使われているグローバルな製品でもある。

　もちろん、米国も蚊とり線香が広まっている国のひとつである。米国アマゾンでも複数のブランドの日本製蚊とり線香が取り扱われており、合わせて400を超えるカスタマーレビューを集めている。そして、そのうち約7割のレビュワーが5点満点と高く評価しているのだ。米国の家で蚊とり線香が焚かれている様子を想像すると少し不思議な感じもするが、蚊とり線香は確かに米国人愛用者を増やしているようだ。

　その理由をひも解くにあたって、まずは米国の蚊をめぐる実情に注目してみよう。米国の蚊は日本の蚊とは全く違う。そういうと驚く人も多いはずだ。蚊といえば、あのかゆみが人間から嫌われる最大の要因である。しかし、米国の蚊によってもたらされるかゆみは、日本の蚊のそれとは比較にならない。

　そもそもかゆみが強烈な上、数週間もかゆみが続くことも珍しくない。しかも、かゆみが引いたと思っても、数日後にぶり返すこともある。おまけにアレルギー反応も強く、患部は日本の蚊に刺された場合よりはるかに赤く大きくはれあがるのだ。

80

蚊とり線香

米国アマゾンに寄せられた レビュー

●プエルトリコに住んでいる人にプレゼントしたんだ。ハリケーンが通ったあとって、通常よりも大きな蚊が出現するから……煙で嫌がって、蚊が寄りつかなければいいけど

●**一度焚けば、かなりの時間蚊を撃退してくれる、超お買い得なアイテムだね！**
なんといっても、あの不快な虫除けスプレーを浴びずに済むのが最高だよ。大好き

●すばらしい商品だね。虫刺され防止には最適な手段だと思うよ。有害な虫除けスプレーも浴びずに済むしね

●お香みたいな匂いがするのね、ちょっとキツいかも。でも、あのにっくき小さい奴らを退治してくれるわ

●**妻が敏感肌でずっと蚊に悩まされていたんだ。蚊とり線香は間違いなく、僕たちがずっと探していた最高の商品だよ**

●デッキの上とか、扉を開けたままのガレージのなかとか、そういう場所の作業用には持ってこいだよ。いい商品だ

●ウチのブルーベリー畑の門番だよ。蚊だけじゃなく、他の虫も退治してくれるんだ

●入り江の蚊から身を守るなら、これ以上の商品はないって断言できるよ

●たびたび友人とキャンプしに行くんだけど、記憶にあるキャンプ全てで、この蚊とり線香が活躍していたわ。外のキャンプ場はもう蚊だらけなんだけど、私たちのキャンプは例外。ふたつ同時に焚けば、1日中外でも効果を発揮してくれるから、やってみて

●僕たちは毎週末の夜に屋外で映画を観るんだけど、蚊がウチの可愛い娘の血を吸うんだよ。しかも虫除けスプレーをしても！ でも蚊とり線香を椅子の周りで焚いたら激変したね。なんとだれも刺されなかったのさ

●**ウチの裏庭は雑草がしげっているせいで毎年蚊に悩まされていたんだ。**
この蚊とり線香はその問題を完ぺきに解消してくれたね。
おかげで前にホームパーティーを開いたとき、
だれも蚊に刺されなかったんだ

●**効果バツグンよ！ お隣さんが年中庭のプールをほったらかしにしている**
せいで毎年蚊が大量発生しちゃって、以来ずっとお世話になってるの。
この蚊とり線香があれば庭に蚊がよってこないから、
私もウチのワンちゃんも、蚊に刺される心配をせずに済むわ

●テキサスは本当に蚊がひどかった。それでガレージで作業しているときに蚊とり線香を焚いてみたんだけど、なんと一度も刺されなかったんだよ！ 超オススメだな！

また、蚊が媒介する感染症にも違いがある。米国の蚊が媒介する感染症はウエストナイル熱やデング熱などだ。どちらも日本での発症例はほとんどないため、耳慣れない人も多いだろう。ウエストナイル熱を例にすると、その発症率は20％とされる。また、少し古いデータになるが、2005年の米国ではウエストナイル熱によって119人もの死者を出しているのだ。その恐ろしさという点では、日本で蚊が媒介する感染症として知られる日本脳炎との差は歴然である。

さらに、日米の蚊はその大きさにも違いがある。2018年、米国東海岸を襲ったハリケーンによる洪水の影響で大繁殖したのは巨大な蚊だった。大きさは普段見かける蚊のなんと2〜3倍。この蚊は先述のウエストナイル熱などを媒介することはないが、巨大なだけに針（口吻）も巨大。つまり、刺される際に強い痛みを伴うのだ。

日本における蚊は厄介者ではあるが、恐怖を感じるような存在かといえばそうではないだろう。だが、米国における蚊は明らかに恐怖の対象である。

では、その対策はというと、日米にはこれまた違いがある。日本では外出時にこそ虫よけスプレーを使うこともあるが、屋内であればそれこそ蚊とり線香や電気蚊とり器で「退治する」という考え方が一般的である。温暖で湿気が多い気候のため、そもそも蚊の繁殖自体を防ぐことは難しい。また、伝統的な日本家屋は蚊の侵入を防ぐことも難しいため、そのかわりに侵入した蚊を退治するという対策が広まったのだろう。

一方、米国はというと、基本的には蚊を「寄せつけない」という考え方が一般的だ。もちろん、米国にも、日本のコンビニなどでかつてよく見られた電撃殺虫灯を使って退治するという手段もないことはない。だが、忌避剤を使って自宅の庭で蚊が「繁殖しないようにする」、あるいは虫よけスプレーを使って蚊が自分自身に「近づかないようにする」という対策のほうが広くとられているようだ。

しかし、当然だが、確実に退治してしまうに越したことはない。いま、米国でもようやく日本流の「蚊を退治する」という考え方にシフトしつつあるなか、日本の蚊とり線香が愛用者を増やしているというわけだ。

日本で蚊とり線香が生まれたのは1890（明治23）年。原料は地中海沿岸原産のシロバナムシヨケギクという植物であり、日本では除虫菊という名で知られている。除虫菊が伝わる以前の日本ではヨモギやカヤを燃やす蚊やり火が広まっていたが、これには殺虫効果はなくあくまで虫よけとして使われていた。だが、除虫菊にはピレスロイドという殺虫成分が含まれる。これにより「蚊を退治する」という考え方が広まったのだ。

しかも、蚊とり線香の開発にも、じつに日本人らしいこまやかな工夫が見られる。当初の蚊とり線香は、線香との名の通り細長い棒状であり、わずか40分ほどしか効果が持続しなかった。しかし、開発者の妻の発案によっておなじみの渦巻き状になったことで、効果持続時間は6時間にジャンプアップ。加えて省スペースまで実現してしまった。それだけの工夫が込められた製品であれば、いまなお世界中の人の心をつかむのもうなずける。

あの蚊とり線香特有の香りは、先述の除虫菊のものである。いまでは化学合成された殺虫成分を使った製品が大半を占めるが、それでも香り自体は伝統として受け継がれている。今後、米国で蚊とり線香がさらに普及すれば、われわれと同じように、あの香りを嗅いだ米国人が郷愁を誘われるという時代が訪れるのかもしれない。

- 気に入ったよ！
  テキサス州南部じゃ、年中蚊が本当にひどいからな。
  こりゃ俺が何年もの試行錯誤を通して見つけた
  最高の蚊とり線香だぜ
- 超安いのにすばらしい仕事ぶり！ ブランドものよりはるかによく働くし、蚊とり線香のほうが、虫除けスプレーのシャワーを浴びるよりもはるかにマシってもんだろ！
- きちんと蚊を遠ざけてくれるよ。私は湿気の多い湖の近くに住んでいるから、年中発生する蚊が目の上のたんこぶだったんだ。2つ焚くと本当に蚊の悩みから解放されるよ
- 蚊とり線香の匂いっていいな！ 蚊もしっかり退治してくれるし。去年の夏はずっと焚いてたよ。ただひとつ問題があるとすれば、安定して煙をたててくれるまで、火であぶり続けないといけないところかな。ま、それさえすれば8時間以上蚊から身を守ってくれるんだからどうってことないけどね
- 今すぐ買うべき！ はじめて使ったときはマジで驚かされた。まさかここまで蚊を撃退してくれるとは。ただ煙臭いのと、アパートで使うのが難しいのが気になったかな。ただ、それらを含めても買う価値アリ、だね
- 1972年に沖縄で蚊とり線香を紹介されて以来、虫刺され防止用にずっと買ってるよ。うれしいことに、最近はColemanのキャンプ用具として売られているのを見たけど、たいていの人はそれがなんのための商品かわかっていないみたいだ。もったいない……超オススメだよ

蚊とり線香といえば…… 蚊やり豚

- 夏の風物詩って感じのブタちゃんね。完成度も高いし、蚊とり線香と一緒に、しっかり働いてくれているわ
- 予想よりもずっと可愛いのね！ 陶器みたいな焼き加減で、松の模様が凄くキレイ。使うのが待ち遠しいわ！
- 日本が産んだ、伝統的な蚊とり線香入れ。前の夏にトーキョーで見かけたんだ。やっぱりクールだね
- とってもクオリティーが高くて、発売から数十年経った今でも、1960年代に日本で過ごした子ども時代を思い起こさせてくれるよ
- **ウチの蚊とり線香にぴったりなブタちゃんよ！**
  家のデッキに置いてるんだけど、蚊とり線香の煙をあげながら、
  小さな楽園のすみっこで蚊たちを一掃してくれてるの。
  働きものの小さな友人のおかげで、今年の暑い夏も快適に暮らせそう

じえいたいが行く!

文・中村カタブツ君

中韓での観艦式

中国で日本艦に長蛇の列

2019年4月、中国海軍創設70周年を祝う国際観艦式が中国の青島で開催された。国際観艦式とは主催国が同盟国、友好国の海軍を招待して、軍艦、潜水艦を並べて壮行する軍事パレードのひとつだが、いくら友好国とはいえ各国の思惑もあり、国際間の駆け引きが行われるのが常識だ。アメリカなどは東シナ海の情勢を鑑みて武官は送ったものの艦船の派遣は見送っているし、パキスタンは紛争中のインドが列席するなら同席はできないといって不参加。カナダはファーウェイ問題で中国在住のカナダ人が逮捕されているため、参加を拒否するなど各国の事情が浮き彫りになった。

日本も中国とは尖閣諸島を巡って微妙な関係がずっと続いており、参加するか、否かに注目が集まっていたが、日本政府は山村浩海上幕僚長を派遣するとともに護衛艦「すずつき」を送り出すことを決定した。

ただし、日中の政府がいくら合意したところで、国民感情はまた別のところにあることだって十分に考えられる。果たして、中国の国民は日本の艦船を快く迎えてくれるかどうかは未知数であったのだ。

しかし、それは杞憂で、観艦式当日、青島港に入港した「すずつき」を中国国民は大歓声をもって迎えた。それどころか艦内見学のために5000人超の人々が並ぶという異常人気ぶり。実は、『艦隊これくしょん』という艦船を美少女に擬人化して戦うインターネットゲームが世界的人気になっており、「すずつき」もゲーム内で秘書艦役を務める人気キャラだったこと

中国の観艦式での“すずつき”^{涼月}に関する中国人のコメント

◉自分も行って来たけど、日本の艦艇はすごい人気だった。かなりの数の観覧希望者が並んでたもん

◉入場券（？）を手に入れられた人が羨ましい

◉お前ら、そんなに"涼月"が見たかったんか？　……実を言うと俺も見に行きたかった

◉日本は文明国家だ。観艦式への参加を歓迎する！

◉日本は自信があるから堂々と艦艇を公開できるんだろうな

◉なんで"金剛"と"愛宕"は来なかったの？

　↑観艦式に艦艇を送る場合、高い次元での配慮が求められるんだよ。通常は力を見せつけるような艦艇は送らない。東アジアの国はその辺の配慮が絶妙だね。対照的にインドはお構いなしだが

◉今後日本で観艦式をやる時は昆明級駆逐艦あたりを送ってほしい。中国と日本の友好は、お互いにとって利益になる

◉ところで、今回の観艦式に"出雲"は来ないのかな？

◉こちらとしては"出雲"を派遣してくれても別にかまわんよ？

◉"涼月"って護衛艦の名前がめちゃくちゃカッコいいんだが

◉"涼月"とか、なんでそんなに名前がカッコいいんだよ

◉日本の艦艇の名前には深い意味がある！　日本人はそのカッコよさをちゃんと理解してるのか？

◉"涼月"って名前を聞くと「艦隊これくしょん」を想起してしまう

◉"涼月"って昔の日本海軍の艦艇にも使われてたの？

　↑"涼月"と言えば、第六一駆逐隊じゃないか

◉日本の軍艦の技術に焦点を当てると、米国のものより洗練されて見える……

◉日本の海軍は歴史的に見ると実戦経験がかなり豊富だからな

◉黄海海戦（※日本海軍連合艦隊と清国北洋艦隊の間で行われた海戦）から今に至るまで、日本の海軍の質は常に素晴らしい

◉海上自衛隊の能力と練度はアメリカ海軍に匹敵すると言われてる。実際に艦艇を使った訓練の数はかなり多いんだ

◉なんだかんだで日本の海軍力は今でもかなり強力だよな

◉近代において実際に海戦を戦った海軍は非常に限られてる。そして、日本はその数少ない国のひとつだ

◉日本の技術力は間違いなく一流。中国はまだ日本から勉強しないと

◉中国海軍もかなり強大になった。それでも日本の海軍から学べることは少なくない！

◉個人的には中国と日本の友情が永遠に続くことを願ってる

◉こういう交流はいいね。歓迎します

◉中国と日本は友好関係にあった時期のほうがはるかに長いわけだから

◉テレビで観艦式の様子を観てたけど、日本の艦艇は本当にきれいだと思った。中国海軍はぜひとも日本を見習ってほしい

◉正直言って、日本の艦艇は世界一美しいと思う

◉日本の艦艇の美しさは、本当に人の目を惹きつけるね……

◉中国人は日本の艦艇に興味を持ちすぎじゃないですかね

webサイト『パンドラの憂鬱』より

長蛇の列をつくる海上自衛隊の護衛艦「すずつき」の観覧希望者
写真●共同通信

も、他国の艦船とは比較にならないほどの大人気の要因だったのだ。

いずれにせよ、主張をぶつけあう時にはぶつけあう一方で、それ以外では友好関係を崩さない外交の基本のようなやりとりが行われたのである。

まさかの要請に……

ちなみに、この観艦式だが、実はもうひとつ見るべきポイントがある。それは「すずつき」の後甲板に旭日旗がはためいていたことだ。

この旭日旗は陸上自衛隊では自衛隊旗として、海上自衛隊では自衛艦旗として長年使用されているもので国際的にも広く認知されている。しかし、近年、お隣の韓国が侵略戦争の象徴だといって非常に問題視するようになっており、2018年の韓国主催の国際観艦式では国旗以外の旗を掲げてくれるなと、明らかに旭日旗を標的にした要望を通達してきたのである。これを受けて、日本は不参加を表明、韓国の観艦式には出ていないのだ。

もしかしたら「旗ぐらい、上げなくてもいいじゃないか」と思った人がいるかもしれないが、そもそも艦旗をおろすというのは「降伏」を意味するもので、これを観艦式の招待国に向けて通達するのは常識的には絶句するほどありえ

ない要望なのだ。実際、中国は開催日前日に不参加を表明し、マレーシアは当日不参加、フィリピンは参加したものの海上パレードには故意か、アクシデントなのかわからないが間に合わず。また、参加した国にしても、すべての艦船で軍艦旗が翻っていたのである、それもメインマストに。本来、観艦式のようなセレモニーでは後ろ甲板のマストに軍艦旗を掲げるのが通常で、メインマストに上げるのは戦闘状態の時のみ。それをわかった上で、あえて各国がメインマストに軍艦旗を掲げた理由を韓国側はもう少し考えたほうがいいだろう。

一方、この不参加については日本国内でも賛否あり、韓国寄りの報道をするメディアも決して少なくはなかった。特に旭日旗に対する東アジアの国々の国民感情をもっと考慮すべきである、といった意見が多数を占めたが、中国主催の観艦式では旭日旗がなんら問題にならなかったことを彼らメディアはどう考えるのだろうか？

同じように先の大戦を日本の戦略戦争だと位置づける中国が旭日旗には無反応というのは、韓国の主張に正当性がないことを示しているといってもいいのではないかだろうか。少なくとも中立的な判断を下す際のひとつの指標となることは間違いないだろう。そういう意味でも2019年4月の中国の観艦式は意義深いものであったのだ。

2019年10月には日本でも4年ぶりに国際観艦式が行われる。アメリカはもちろん、中国の艦船も参加し、かなり見応えのある海上パレードになることは間違いないだろう。一般人の見学も許されており、艦内見学に加えて、体験航海が目玉だ。軍艦に乗って大海原をクルージングできる体験航海は毎回大人気なので興味のある方は注目しておいてほしい。

海上自衛隊の韓国での観艦式不参加 に関する外国人のコメント

- 自衛隊が参加を見送ったのは正しい判断だ
- 日本はよくやった。自分たちの自主権や誇りを示したんだ
- あの旗は海上自衛隊の公式の軍艦旗。ひとつのイベントのために変えるなんて無理だろ…… `ドイツ`
- つまり、韓国側が観覧式に日本を招待したのに、日本に軍艦旗を掲げないように要請したってことか……。ふーむ…………なんて愚かなんだ `オーストラリア`
- 韓国は日本になら何をしても許されると思ってるのかね。常識ではありえない要請だ `スペイン`
- 自分の見たい歴史しか見ず、非礼なふるまいをする国に行く必要はないよ `アメリカ`
- これを言われたら……、どの国も参加を見送るだろうな `アメリカ`
- この件に関して、俺は日本側に立つよ
- あれは海上自衛隊の旗なんだよ。日本は長らく使ってきたし、合同演習の際とかに軍艦旗を掲げるのは規則だ。だから日本はルールに則って掲げようとしてるんだよ。決して悪意を持っているわけではないし、問題を起こそうとしているわけでもないんだよ `シンガポール`

海自護衛艦「すずつき」が中国の青島に入港。中国では旭日旗はまったく問題にならなかった。　写真●時事通信

- どうして旭日旗を掲げちゃいけないのかわからないんだが `フランス`
- 日本は韓国の招待を受けているんだ。軍艦旗である旭日旗を掲げるのは当然のこと `中国`
- うーん……自衛隊は、創設以来あの旗を使ってるはずじゃなかったっけ？ `スペイン`
- あれは設立以来海上自衛隊が使ってる軍艦旗だ
- どうして今頃になって旭日旗を問題視し始めたんだろう？ずっと前からあの旗は使われてるのに！ `フィリピン`
- 旭日旗は日米合同演習の際には星条旗の隣で堂々と翻っている。そしてその演習は、基本的には韓国を守るためのものでもある。韓国はそろそろ目を覚ますべきじゃないだろうか `アメリカ`
- もしドイツの艦船が鉤十字を掲げてたらどうなるよ `オーストラリア`
  - ↑よく旭日旗と鉤十字を比較する人がいるけど、正確にはドイツが今でも使ってる鉄十字と比較するべきなんだよな。鉤十字は党の旗であって、軍の旗じゃないんだから
- 日本が今でも旭日旗を使ってるように、僕たちも鉄十字を使ってるよ `ドイツ`
- 外国を打ち負かしたことがあるすべての国が旗を変えなきゃいけなくなるな。アメリカも変えろって言われちゃうかな？ `アメリカ`
- 旭日旗がダメならユニオンジャックもダメじゃんね…… `アメリカ`
- じゃあ欧米のすべての旗も掲揚禁止にしようか `ドイツ`
- 素晴らしい旗だし、日本は世界から敬意を勝ち取ってる。今の日本は自由主義の旗手の一角だ `アメリカ`
- 旭日旗は公式の軍艦旗だから、アメリカとの合同演習の時にはよく見るよ。だけど誰も反対なんてしてないどころか、あの旗の力強いデザインに感銘を受けてるくらいだ `アメリカ`
- 前に進もう。もっと大事なことはほかにある `ベトナム`

webサイト『パンドラの憂鬱』より

やっぱりニッポンから出てきたか！

こんな工具を待っていた！

日本生まれのすごいヤツ、ネジザウルスが世界の現場で大

大阪市東成区。小さな町工場が立ち並び「モノづくりの街」として知られるこの地に、「工業デザイン界のオスカー賞」と呼ばれる賞を受賞し、世界中の職人たちを驚かせた会社がある。社員50名ほどの工具メーカー・エンジニアだ。目玉商品「ネジザウルス」シリーズは、累計売上400万本を超える。同社代表取締役社長の髙崎充弘氏にネジザウルス開発秘話を伺うと、日本人ならではの「細やかな工夫」と「真摯な探究心」が見えてきた。
（文中写真はすべて株式会社エンジニア提供）

Text by Hiroya Maeda

世界中の現場を救うアイデア その名も"コマネチ角度"

　エンジニアの創業は1948(昭和23)年。現在の代表取締役社長である髙崎充弘氏の父と叔父が兄弟2人で立ち上げた会社だ。
　ドライバーやペンチ、はんだごてなど、弱電エレクトロニクスの現場で使われる作業工具を幅広くつくり、日本の戦後復興、高度経済成長を縁の下で支え続けてきた。飛び抜けた大ヒットが出る派手な商売ではないが、地道にコツコツと新製品をつくっては、現場の職人たちの手に馴染む工具を提供してきた。
　しかし2002(平成14)年。創業54年目にして、大きな転機が訪れる。DIY界の金字塔となる大ヒット商品「ネジザウルス」の誕生である。
　ネジザウルスは、大きくくくりでいえば「ペンチ」である。誰でも一度や二度は、ネジ頭のプラス、マイナスの穴をつぶしてしまった経験があるだろう。ネジザウルスはネジ頭がつぶれて抜けなくなってしまったネジをいとも簡単に抜くことができるのだ。

ネジ頭がダメになってしまったネジ。こうなってしまっては諦めるしかなかったが……

　ネジザウルスが普通のペンチと違うのは、先端部分の「溝」と「角度」。
　まずは「溝」。普通のペンチは先端に横溝がついていて、垂直方向へ力が加わりやすくなっている。しかしネジを外す動作に限っては、この横溝は具合が悪い。ネジを掴んで回そうにも、横溝と並行方向への動きとなるためツルツルと滑るばかりで力が加わらないのだ。そこでネジザウルスは「縦溝」も追加。これによってネジをガチッと捕まえることができるようになり、どんなネジでも回して外すことが可能になった。
　続いて「角度」。これこそが髙崎氏が誇る「大発見」である。
　「実は『横溝だけでなく、縦溝も掘ったらいい』

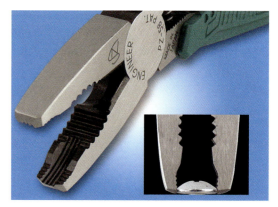

先端に縦溝がくっきり刻まれており、並行方向への動きに対応

なんてアイデアは、私だけでなく昔から誰もが考えていた、ありふれたものなんですよ。でもみんな、うまくいかなかった。それは『角度』にまで考えが及ばなかったからなんですね」(髙崎氏)
　ペンチが閉じているときに先端の左右の縦溝が「平行」になってしまっていては、いざネジの頭をつかんだときには「ハの字」に開いてしまい、力がネジにうまく伝わらない。これではせっかくの縦溝も活きない。ネジの頭をつかんだとき、先端のはさみが平行になって初めて、すべての力がネジへ伝わることになる。
　そのためにはどうすればよいか。閉じている状態からあらかじめ「角度」をつけておけばいい。「縦溝」というアイデアを活かすには、「角度」というもうひとつの鍵が必要だったのだ。
　「ここに気づいたのがウチの出発点なんですよ」(髙崎氏)
　試行錯誤の末に発見したベストな角度は、ちょうどビートたけしさんの往年のギャグ「コマネチ」と同じくらいということで「コマネチ角度」と名付けられた。高崎氏は即、特許を出願する。「特許庁には『ふざけたネーミングだ』と叱られますけど(笑)、でも社内ではいたって真面目に『コマネチ角度』と呼び合っています」(髙崎氏)
　「縦溝」と「コマネチ角度」を武器に市場に登場したネジザウルスは大反響を呼んだ。1万本売れれば大ヒットと呼ばれる工具の世界にあっ

日本生まれのすごいヤツ、ネジザウルスが世界の現場で大暴れ!

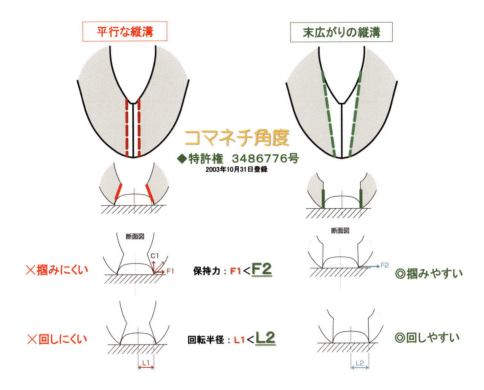

て、ネジザウルスは発売初月だけで4500本を売り上げた。このヒットを受けて2005(平成17)年には「大きいネジ用のネジザウルス」である「ネジザウルスXP」、2006(平成18)年には「小さいネジ用のネジザウルス」である「ネジザウルスm2」を続々と発売。

ヒットの遠因は、一度聞いたら決して忘れないその名前にもある。

インパクトがあり、かつ「ネジに関連する工具」だということもすぐわかる。加えてどこか、かわいらしい。髙崎氏によると、これも「社内公募の賜物」だという。髙崎氏は10案ほど集まった候補のなかから、「ネジザウルス」という名前を見た瞬間、これだ!と即決。翌日には商標を出願した。

いままで諦めざるを得なかったネジが簡単に取り外せる斬新さと便利さ、そしてネーミングの妙もあって、ネジザウルスの販売数は順調に伸び、会社は完全に上昇気流に乗ったかに見えた。

ところが2008(平成20)年、リーマンショックが巻き起こる。売上が著しく低下したことに加え、材料費は高騰。会社は赤字に転落した。

"お客様の声に忠実に"が次なるヒットを生み出す

「なんとかせなあかん。そう思って『なにが必要か』と考えたら『工夫』やと。せっかくネジザウルスという素晴らしい商品を開発したのに、それを『大きいネジ用』『小さいネジ用』にしか展開できないのではあまりにも工夫がない。4代目のネジザウルスには、もうひと工夫、ふた工夫加えなければ」(髙崎氏)

髙崎氏は業績好転を「4代目のネジザウルス」に賭けていた。だからこそ、初代・2代目(大きいネジ用)・3代目(小さいネジ用)ネジザウルス購入者から寄せられた「愛用者カード」に隅々まで目を通し、そこに書かれている「不満な点」から、4代目製作のヒントを探った。

愛用者カードは約1000通。寄せられた不満をひとつひとつ読み、意見ごとに集計していく。

ネジザウルスに関する外国人のコメント①

● 工具店でみつけたプライヤーがすごいんだ。ネジを取り出すためのグリップを助けてくれる溝が切ってあって超便利。初めて聞く名前だし、こんな溝が切ってあるプライヤーは初めて見た

↑**バンプライヤー**（米名。以下、ネジザウルス）**だろ？　すげ～ぞ、それ**

↑**俺も持ってるけど、本当に素晴らしい。**ネジザウルスは品質がすごくよくて使いやすいよ。カッターもいいよね。ハンドルも太くて持ちやすいし。**普段から愛用していて、おかげで金曜日の夜にも職場で危機を脱することができたんだ。**ネジ穴がきついせいでネジをなめてしまったんだよ。でもこれを使ったら数秒でネジを取ることができた

● 店でとある人物がネジをなめたときにネジザウルスを使ったことがある。すごい性能だった。みんなで苦労しているところに**"どけどけ、ネジザウルスにやらせてみろ"って感じで登場して、チャンピオンのようにやってのけたさ**

↑ふーむ、このプライヤーは興味がわいてきたぞ

↑ネジザウルスは待つだけの価値があるぞ

webサイト『すらるど』『どんぐりこ』より

　最も多かった不満は、「グリップが滑りやすい」というもの。これを改良するには金型から開発する必要がある。赤字でありながら新たな金型製作に踏み切るのは勇気がいる決断だったが、お客様のためと、思い切って投資、応えることにした。

愛用者カードに寄せられた要望

第1位	グリップの改良（握りやすく）	120人
第2位	先端の改良（細長く）	50人
第3位	バネを追加	20人
第4位	カッターの追加	15人
第5位	トラスネジも外せる	7人

　次いで多く寄せられた「先端が太くて、外しにくい場所にあるネジに届かない。もっと先端を細くしてほしい」、「わざわざネジザウルスの先端を開かなくていいよう、バネをつけてほしい」、「電線を切ったりもできるように、カッターをつけてほしい」という要望にも、すべて応えることにした。

　続く、不満の第5位。1000人の中でたった7人しか指摘しなかった少数意見だったが、実はこれが「運命の分かれ道」だった。

　その意見とは、「トラスネジも外せるようにしてほしい」というもの。トラスネジとは頭の部分が低いネジのことで、目立ちにくいという特性から外装部に多く使われている。少数意見ではあったが、「たしかにトラスネジを外せたらすごいな」と髙崎氏は共感。改良ポイントとして加えることになる。

　「お客様からいただいた少数意見のなかには、技術面やコスト面で実現が難しく、現実的とはいえないアイデアもあります。『トラスネジを外せるように』という要望はまさに、その当落線上といえたかもしれません。グリップと先端を改良し、バネをつけ、カッターもつけた。社内でも『要望の第1位～第4位を反映させたんだ。これでもう十分進化しているでしょう』という声もありました。でもそれではやはり、まだ工夫が足りない。買っていただいた方に『す

日本生まれのすごいヤツ、ネジザウルスが世界の現場で大暴れ！

ごいやん！』と思ってもらうためには、『トラスネジが外せる』というポイントがどうしても必要だと感じました。そんなとき、社員のひとりが『社長、あのコマネチ角度をもう少し工夫すれば、トラスネジもつかめるんちゃいますか？』とアイデアを出してくれたんです。それならばさほど大きなコストをかけずに実現できる。最後は社員に助けられましたね」（髙崎氏）

ネジ頭の厚みがないトラスネジもなんのその

何ものにも代えがたい 所ジョージ氏との縁

工夫したのは開発面ばかりではない。新たなユーザーの開拓にも重きを置いた。

3代目までのユーザーは主に「プロ」。自動車のメカニックやメンテナンスに携わる人が買い求めることが多かった。

そこで4代目は、今までネジザウルスを使っていなかった層にも使ってもらうことを目指した。キャッチフレーズは「一家に一本、ネジザウルス！」だ。

「『ちょっと待てよ。家庭にも結構、ネジはあるよね』という当たり前の事実に、ふと気づいたんです（笑）。家電や自転車、それにもちろん、組み立て式の家具もそう。なにも『プロ向け』に絞ることはなかったんです。一家に一本、お助け工具としてネジザウルスを買ってもらおうと考えました」（髙崎氏）

「家庭用」としてネジザウルスを広く消費者に訴求するうえで、これ以上ない味方も現れた。DIY好きとして知られるタレントの所ジョージ氏だ。

所ジョージ氏は初代〜3代目までをすべて持っている、ネジザウルスの大ファン。雑誌・テレビなど、いたるところで「ネジザウルスはすごい」と広めてくれていた。特にリーマンショックと材料費高騰で赤字にあえいでいた2008年。変わらずネジザウルスのよさを訴え続けてくれる所氏に、髙崎氏は心を打たれた。

愛用者カードをもとに改良を重ねた「4代目」は、2009（平成21）年に完成する。その名も「ネジザウルスGT」。正式名称につけられた「GT」とは、なにを隠そう所ジョージ（George Tokoro）氏のイニシャルだ

「つらいときに『無償の愛』でネジザウルスを褒め続けてくださった所ジョージさんに、最大限の敬意を表して『GT』をつけさせていただきました。所さんが出演するテレビやイベントでも積極的に紹介してくださって……。『一家に一本』を合い言葉とした商品だったので、所さんの力は本当に心強かったです。さらにご自身の番組『所さんの世田谷ベース』でも積極的に取り上げてくださって、プロ、職人さんたちからの支持をも確たるものにしていただいたんです」（髙崎氏）

一方で、プロではない一般の方向けへのPRもスタートさせた。ネジザウルスという名前から連想させる恐竜のキャラクター・ウルスくんというキャラクターを作り、ぬいぐるみ、着ぐるみ、そして漫画へと展開されていった。

「いくらいいものをつくっても、世の中の人に知ってもらわなくては売れませんからね。知り合いの漫画家に頼んだりして、どんどん露出を増やしています」（髙崎氏）

映像コンテンツもフル活用。「ネジのトラブルを解決する」というストーリーをつくり、それを英語、フランス語、ドイツ語、スペイン語、韓国語に翻訳してYouTubeにアップしている。いわば、プロ用のPRと一般向けのPRの両面作戦だ。

かくして「ネジザウルスGT」は、初代の通算売上7万本を発売わずか7カ月で超えてしまうという驚愕の売れ行きを見せることになる。

驚いたのは、「GT」に寄せられた愛用者カード。そのほとんどが「トラスネジまで外せるなんて素晴らしい！　感動した！」との声で占められていたのだ。

もしもあのとき、「トラスネジを外せるものをつくる」という決断を下していなかったら……。今日の「ネジザウルス旋風」はなかったかもしれない。

世界で認められた ニッポンの工具

ネジザウルスGTの功績は、単に「売れた」だけではない。

DIY・ホームセンターの商材・トレンドが一堂に集結する展示会「DIYショウ2009」で、ネジザウルスGTはDIY協会会長賞を受賞。その年に発売された商品のナンバーワンを決めるコンテストでの受賞だけに、髙崎氏の喜びもひとしおだ。返す刀で応募したグッドデザイン賞でも見事、初参加で初受賞。憧れの「Gマーク」を勝ち取った。

勢いは止まらない。次に狙うのは海外のデザイン賞だ、とばかり、「工業デザイン界のオスカー賞」とも呼ばれている「iF product design award（iFデザイン賞）」にエントリー。世界中の一流企業がこぞって狙う世界で最も権威ある賞のひとつを、ネジザウルスGTはいきなり受賞してしまったのだ。

「気軽にエントリーしてしまいましたけど、iF

2017年、ハノーヴァーで行われたiFデザイン賞の授賞式。満面の笑みを浮かべた左の人物が髙崎社長。

デザイン賞ってプロの工業デザイナーで10年、20年やっているような人でもなかなか取れないような権威のある賞なんですよね。そんな大層な賞を、まあビギナーズラックでしょうけど（笑）、あっさり取ってしまったものですから、周りの反響が大きくて。友人のデザイナーからも『髙崎のところの製品、iFデザイン賞取れてるやん！　えっ、ペンチで取ったの？　しかもデザインは社員がやって？　ホンマか!?』と驚愕した声で電話がかかってきました（笑）。ドイツのハノーヴァーで行われた表彰式に参加したら、トップはAppleさん、2番目がSONYさん。錚々たる顔ぶれで。ここで初めて、あぁすごい賞なんだと実感しました（笑）」（髙崎氏）

髙崎氏はビギナーズラックと謙遜するが、もちろん決してラッキーで取れる賞ではない。それを証明するかのように、2016年に開発したネジザウルスZで2度目のiF受賞。改めてエンジニアの、そして日本の工具が世界中から脚光を浴びることとなった。

世界中から ネジで困る人をなくすために

世界各国でその機能性・デザイン性が評価されたネジザウルス。いま髙崎氏が願うのは世界中から、ネジで困る人をなくすということ。その思いから2018（平成30）年に「ネジレスQ隊」という活動も開始した。

「ネジレスQ隊」は、ネジザウルスが累計売上400万本を突破したことを記念して立ち上げた、

ネジザウルスに関する外国人のコメント②

◉ **俺もネジザウルスを持ってる。名前が面白すぎるけど、性能は洒落になってないよ。日本人は世界一のものを作るね**

◉普通サイズのを使っているけど、すごくいいよな。いま、一番大きいのをエンジニアに注文して届くのを待ってるところだ

◉ネジザウルスをゲットしたときにどうなってもいいネジで試してみて、ねじ回しと同じくらい簡単だと気づいたときに自分はネジザウルスを愛用するってわかったよ

◉ **ネジザウルスを一度使ったら、これなしでどうやっていけばいいんだと思える工具のひとつだ。日曜大工でもプロでも工具箱に最低1本は用意しておくべきものだね**

◉ **自分はIT業界で働いているんだけど、ネジザウルスを毎日持ち歩いてる。** カッターも予想以上の切れ味だ

◉自分は6〜8カ月日常的に使ってるけど壊れる兆候どころか古くなった形跡もない。唯一使った痕跡が残ってるのはグリップにかすれができた程度だ。実際、自分の腰袋からペンチとプライヤーを取っ払ってネジザウルスをペンチやプライヤー代わりに使ってるくらい

◉頭のない6/32ネジでも掴めるだろうか？　これが自分にとって当面の問題で……。ほかのプライヤーを使ってみたらネジの頭をねじ切らずに使うのは無理だとわかった

　↑ネジザウルスなら間違いなく掴めると思う

◉ **ネジザウルスは自分が心から人に勧める数少ない工具のひとつで、みんな最低1本は持っててほしいものだな。品質は最高級。そしてこれは工具でもあるし、アドビル（痛み止め）でもある。みんなの頭痛の種を解消するわけだからね**

◉みんな、いいものを教えてくれてありがとう。俺も工具箱に追加しないと

　↑ノープロブレム！　ネジザウルスについてみんなに説明できて嬉しいよ。ずっと誰かがこんなプライヤーを作ってくれないかと思ってたら、日本のエンジニアって会社がやってくれたよ

　↑やっぱりこういうのは日本なんだな

　　↑さっそく注文したよ。自分自身へのクリスマスプレゼントだな！　みんなが褒めるから待ちきれないよ

　　　↑待ってる間にネジを用意しておくんだ **フランス**

　　　　↑（注文したネジザウルスが届いて）**みんな、すぐにAmazonへ行くんだ！　すごく品質のいいプライヤーだぞ。勧めてくれてありがとう！**

◉エンジニアリング社の工具はすごくいいよ。大量に使ってる

◉ **「ネジザウルス」クラブにようこそ。ここに一度入ると、もう戻れないよ**

webサイト『すらるど』『どんぐりこ』より

エンジニアが開発した工具の各賞受賞歴

発売年	商品名	受賞
2009年	ネジザウルスGT	iFデザイン賞、グッドデザイン賞、DIY商品コンテスト会長賞
2014年	ネジザウルスRX	グッドデザイン賞、DIY商品コンテストロングセラー賞
2015年	ネジバズーカ	DIY商品コンテスト大臣賞
2016年	ネジザウルスZ	iFデザイン賞、グッドデザイン賞
2017年	ネジザウルスDF ネジザウルスWP	グッドデザイン賞 DIY商品コンテスト局長賞

いわば「恩返し企画」。エンジニアの本社がある大阪市内近郊に限ってではあるが、「ネジのトラブル」に無償で対応、必要があれば現場まで訪問してトラブルを解決している。

「これまでに十数件、解決させていただきました。『恩返し企画』ということで無償なのですが、私たちにとっては訪問することでお客さまのニーズを聞けることがありがたい。ネジザウルスGTの大ヒットも、結局は『ニーズを聞かせていただいたこと』が大きな要因でしたしね。『あぁ、こういう機械でこういうネジの締め方をしているのか』という実際のユーザーの事情もよくわかりますから、新たな発想のヒントになるんですよ」(髙崎氏)

お客様の声に耳を傾けた結果、最近では「錆び落とし」のリキッドタイプがヒットしているという。屋外にあるネジは錆びやすく、ネジ頭がダメになりやすい。また、錆びたネジ外そうとネジザウルスでつかむと力が伝わりすぎてネジ頭だけボロッと取れてしまうこともある。それを防ぎ、さらにネジ穴とネジの間のサビを溶かして外しやすくするための商品だ。ネジザウルスとサビ落しを一緒に買っていくお客様が多いと耳にし、いろいろなメーカーの錆び落としを使ってもまったく効かないことに業を煮やしたエンジニアの社員が「ならばウチでつくる」と意気込んで開発した力作だ。

ネジザウルスの大ヒット後もなお、ユーザーの声に真摯に耳を傾け続け、高い技術力と柔軟な発想で必要とされる工具を作り続けるエンジニア。そんなエンジニアが生み出している工具はネジザウルスだけではない。弱電系のドライバーやニッパー、ピンセットなど、ありとあらゆる工具を生み出している。その一つひとつが、ユーザーへの思いにあふれた結晶だ。

昭和の時代から受け継がれてきた技術力。ユーザーを第一に考えた商品開発、改良。またそれによって生まれるつくり手と使い手の信頼関係。日本人が長らく大切にしてきたことが、エンジニアをはじめとする日本のメーカー、工場に受け継がれている。

また新たなジャンルから「次なるネジザウルス」が生まれる日も、そう遠くはない。

取材協力 株式会社エンジニア。技術革新、顧客満足、誠心誠意を社是とし、ユーザーのための商品開発を徹底。"クール"で"イノベーティブ"な機能とデザインを備え、"遊び心"を併せ持った道具を創造し、世界一愛される工具メーカーを目指す。お堅いイメージの工具メーカーのなかにあって、キャラクターを使ったプロモーション、動画サイトYouTubeでのユニークな商品紹介も話題になっている。

日本生まれのすごいヤツ、ネジザウルスが世界の現場で大暴れ！

日本の工具に関する外国人のコメント

◉日本のノコギリを何本か持ってるけどもうほかのには戻れないな。愛用してる　アメリカ

↑金曜日に日本のを試す機会があったけど、ウチの国の似た製品よりもよかったな　アメリカ

↑木工用？　なら日本製にはかなわないよ

◉世界トップクラスだと言われてるドイツの工具をいっぱい持ってるけど、ほとんどの日本のツールが圧倒してるから。日本でも名の知られていないような小さなブランドでも、ドイツ製のがぼったくりに思える

◉工具に「made in Japan」と刻印されているだけで安心感がハンパないという事実　アメリカ

◉俺の昔からの忠実なるカッターも日本製だ。もう40年も使っているけど、全然ガタがこない

◉大工をしている友人が「電動工具を買うなら絶対日本製！」と勧めてくれたんだけど、僕は日曜大工で使う程度だから、日本製じゃなくてもいいかなと最初は買うのをためらったんだよね。でも、買って正解だったよ。10年経った今でもちゃんと動くんだ。この品質はすごいよ　イギリス

◉自分が持ってる日本製の工具はプライヤーからナイフ、精密器具まで常に最高級の品質だ。日本の冶金技術はすごい

↑たしかに自分が持ってる日本製の工具はどれも高品質だ

◉決して日本人でも、宣伝してくれと言われているわけでもないんですが、日本の製品ほど長持ちして丈夫な物はほかにはないですよ。電動工具を買うなら、絶対日本の製品ですよ。プロの方はどう思う？

↑建設業だけど、職業柄、使う道具にはこだわりがあって、いい製品に出会うとそればかり使ってる。日本の工具はかれこれ7年になるかな。信頼できる品質だよ　イギリス

◉大工さんに勧められて日本の電動ドリルを買い求めました。充電が速いし、電池が切れているはずなのに、まだ小さいネジとかには使えるパワーが残っているのは不思議ですよねぇ。日曜大工を真剣にしたい人には絶対お勧めする工具ですね　イギリス

◉日本の電動工具って簡単に作業ができる優れものだけど、腕の筋肉に力を入れなくていいからなんだか腕がたるんでくるのが難点よね（笑）　アメリカ

◉知り合いから日本のコードレスドリルを貸してもらったらすごいよかった

◉たとえば堆肥框を一個作った→あっという間に壊れた……。そんなふうにならないドリルを選ぶにはどうしたらいい？

　　↑日本製のドリルを買え
　　↑日本のを使え
　　↑日本のが売ってるだろ
　　↑日本の……以下、同じ

webサイト『すらるど』『海外の万国反応記』『黄金の国ジパング』より

文=真紀ヴェンマン

50年にわたり世界に奉仕してきた日本人シスター

日本PRプロジェクト VOL.24
世界をまたにかけてきたDJが異国で気づいたクールジャパン

『引き出し』の中のポストイット

グアテマラに住んでいた頃、ある日本大使館職員から、先住民のために奉仕活動をする伊藤照子さんというカトリックのシスターの話を聞いたことがあった。もし機会がありましたら、とその人はポストイットにシスターの住所まで書いてくれたのだが、なにせそこは首都から250km離れた山の中。長距離バスを乗り継いでいくしか方法はなく、結局、私はシスターに会えないままグアテマラを離れた。

あれから20年。引き出しの中の黄色い紙を目にする度に覚えていた軽い罪悪感も、いつしか遠い記憶へと形を変えた。が、先日ふと、シスターのことが頭に浮かび検索してみたら、なんと今はニューヨーク郊外のメリノール修道会にいらっしゃるようなのだ。家から50km程の距離。私は早速、修道会の『お問い合わせ先』宛にメールを送った。

「実は20年前に紹介されたのですが、今からでもお話を伺えますでしょうか？」

そんな唐突な連絡にもかかわらず、なんとご本人から丁寧な返信をいただいた。

「ぜひお越しください。よろしければ夕食を一緒にどうぞ」

こうして一週間後、私は主人とドライブがてら郊外を目指した。異国の地で奉仕する日本人シスターとは、一体どんな人なのだろう？ それより修道院ってパンツ姿で行っても大丈夫なのだろうか？ そもそも男性は入れるのか？ 緊張気味の私たちを待っていたのは、なんとパンツルック（！）のシスター照子の笑顔だった。

「やっとお会いできましたね。さあ、ご主人もどうぞ」

グアテマラの子供たちに箸の使い方を教えるシスター照子

"Pole pole ndio mwendo（ポーレポーレ・ンディオ・ムウェンド）"

1970年代、最初の赴任地タンザニアにて（右端がシスター照子）

メリノール女子修道会は1912年に創立されたカトリックの海外宣教会で、現在世界29カ国から355人のシスターたちが24の国と地域で奉仕活動に従事している。シスター照子は2018年に入会50周年を祝い、現在は本部理事の一員として組織の運営に携わっている。第二次大戦直後、京都に生まれた彼女は、幼い時に洗礼を受けた。戦後の動乱期、クリスチャンの女性に助けられ心を動かされた祖母が改宗したのがきっかけだった。子供の頃に出会った献身的で創造的なアメリカ人のシスターたちの姿を見て、自分も人の手助けがしたいと思ったシスター照子は、フィリピンで数学の学士号を取得後、1968年にメリノール女子修道会に入会。1970年、最初の赴任地タンザニアに派遣された。机も椅子もない大きな木の下で子供達に勉強を教えたというシュバイツァー博士の話に感動して、アフリカ勤務を希望したのだった。現地では、公用語のスワヒリ語を習得し、4年間中学生たちに数学を教えた。"Pole pole ndio mwendo（ポーレポーレ・ンディオ・ムウェンド）"はそのとき習った教訓。「ゆっくり、ゆっくりと進むのがよい、それが着実に前に進むコツ」というスワヒリ語の教えだ。

タンザニアで活動中のシスター伊藤照子

その後、NYで神学の修士号を取得し、本部の広報や財務を担当したシスターは、1978年に日本へ派遣された。東京の三谷地区を拠点にアルコール依存症回復プログラムを立ち上げるためだった。医療や福祉からも見放された路上生活者がここに集い、社会復帰していくのを見守った。このプログラムは、後に日本カトリック教会によって全国展開し、シスターは10年にわたる日本での活動を終えてNY本部に戻り、後輩の育成にあたった。

グアテマラ、サンマルコスのシスター照子

1994年、ボリビアでスペイン語の特訓を受けたシスターは、翌年、グアテマラで最も貧困が深刻なサンマルコス県に着任した（有名なアティトラン湖沿いのサンマルコスとは別の場所）。今回の目的は女性グループのリーダー

食事の準備をするシスター伊藤照子。
東京の三谷地区のメリノール・センターにて。

たちの育成で、カトリック司教区にある３０の教会を研修会を行いながら廻った。海抜2000mの薄い空気のなか、シスターは先住民の女性たちの後を必死でついて歩き、さらに高地から海岸地帯へ、と体の順応には時間がかかったという。

現地には現金収入の少ない女性が多かったので、手芸作品を販売する経済援助プログラムや、お金をかけずに毎日実行できる健康法として、日本の指圧やあん摩マッサージなども紹介。また、折り紙や、箸を使って手先を動かし脳を刺激する遊びも取り入れたという。

メリノール女子修道会の食堂にて。左からシスター伊藤照子、日本で外国人労働者の援助活動を続けた日系ハワイアンのシスターエリザベス加藤、東京の山谷地区のセンターで医療を担当したシスターリタ・バーズィー。元米軍看護婦のシスター・リタは、日本の看護師国家資格まで取得したという。シスター照子曰く「にくづき（部首）の漢字を書かせたらリタの右に出る人はいませんよ」

研修会は大好評で、山の中の自宅からわざわざ半日かけて歩いてくる女性、また、夫に理解してもらえるよう前日に倍の仕事をこなし、食事も用意してから参加するという女性も多かった。生まれて初めて鉛筆を持った女性たちが、子供と一緒に本を読めるようになり、狭い台所から勇気を持って外に出て自分の世界が広がったという声を聞くのはシスターにとって一番の喜びだったという。

「自分の国を離れ、異文化に触れることで、自分自身の小ささや無意識のうちに抱いていた偏見に気づきました。タンザニア、東京の山谷地区、グアテマラと異なる社会的・文化的背景のなか、より広い視野でお互いを受け入れ、傷を癒し、可能性を育てるよう努めました。世界はひとつの共同体としてより深いところで繋がり、私たちが神と呼ぶ『偉大な力』に支えられ、この地球に共に生かされているということを認識し、これからも苦しむ人々、虐げられ疎外されている人々のために感謝の心で自分に与えられた命を捧げていきたいです」

シスター照子の揺るぎない生き方、そしてその力強さを支えるのは、『信じる力』なのかもしれないと感じた。信仰心という意味だけではなく、自分の進む道を信じる勇気、人々の可能性を信じる大きな心。彼女の優しさに触れたおかげで人生が変わった、そんな人たちが世界にはたくさんいるのだろうなあ、と思う。20年という時間差はあったけれど、こうしてやっと巡り会えたことに感謝。

私の「日本で恋しいものは？」という質問に、「やっぱりお米ですね」と屈託のない笑顔で答えてくれたシスター照子。今度は日本米のおにぎりを持って伺います。

Profile

真紀ヴェンマン（まき・ヴぇんまん）

真紀ヴェンマン（まき・ヴぇんまん）NY在住。90年代、人気ラジオDJ桑田 真紀として活躍。その後NYを拠点に、ヨーロッパ、アフリカ、中南米でメディア、料理研究、国連勤務と幅広く活動。立教大学、ブルックリンカレッジ大学院、NGIシェフコース卒。ブログでは、シスター照子思い出のグアテマラ料理のレシピも公開中
(http://makiwennmann.com)。

100

JAPAN CLASS
定期購読のご案内！

　書籍『JAPAN CLASS』は、おかげさまで本書で第24弾を迎えることができました。

　ジャパンクラス編集部では、より早く、より便利に、そしてよりお得に皆様のお手元に届けるべく「定期購読」のお申込を受け付けております。

　6冊を発売日より早く、さらに年間6冊で7,000円以上するところを大特価の5,000円（しかも送料無料です！）でお届けします。

　ぜひご利用ください。

- 発売月（2、5、8、11月）のそれぞれ初旬に発送致します。
- 購読料はこの6冊で（1年半分）で5,000円（税込み。送料無料）となります。

お申し込み方法

- 新規の方のお申し込みは同封の「ピンク色のハガキ」に必要事項を記載のうえ、下記口座へ5,000円をお振込ください。
- 期限切れのお知らせが入っている方で、定期購読を継続ご希望の方は「水色のハガキ」に必要事項を記載のうえ、下記口座へ5,000円をお振込ください。

振込口座

ゆうちょ銀行　〇一九（ゼロイチキュウ）店
当座預金　0361126　東邦出版株式会社

楽天銀行　ダンス支店
普通預金　7028340　東邦出版株式会社

※必ずご自身のお名前（振込人）を入力してください。
※振込手数料はご負担いただきますようお願い申し上げます。

現金書留をご希望の方

現金書留をご希望の方は、「ピンク色のハガキ」（新規の方）、もしくは「水色のハガキ」（継続の方）に必要事項を記載のうえ、現金とハガキを同封してお送りください。

現金書留の郵送先

〒169-0051　東京都新宿区西早稲田 3-30-16
東邦出版株式会社　TEL.03-5273-1811

お申し込みはお早めに！

世界で発見！ここにも Nippon

「まさに禅だ」フランス人、竹にハマる
Text by Yasuko L'herisson Tajima（フランス・エクサンプロヴァンス）

　フランスでインテリア雑貨店などを見ていると、必ずといっていいほど「Bamboo（バンブー）」と書かれたコーナーに出くわします。そう、竹です。竹でできた食器に籠バッグ、さらには竹の柄が描かれた謎のカーテンまで……。とにかく竹に関するものはフランス人に人気があります。竹はフランス人が抱く「ZEN（禅）」のイメージに近く、心落ち着かせるモチーフのようです。また、エコに対する意識が高いフランス人はプラスチックを嫌います。そこで登場したのが竹を使った食器。木に代わる材料として、成長が早い竹に注目が集まったこともあるでしょう。

　パリ、ケ・ブランリ美術館で開催された展覧会「空を割く　日本の竹工芸」も話題となりました。この美術館の館長ステファン・マーティン氏、じつは無類の竹好きで、竹工芸のコレクター。彼が同館ではじめて自らキュレーションをおこなったのがこの展示だったのです。竹を素材とした茶道具や現代作家による斬新な竹細工などが並ぶ会場は、「まるで森林浴をしているみたい。まさにZENだ」とフランス人を喜ばせたのでした。竹取物語をベースにした、高畑勲監督の映画「かぐや姫の物語」がフランスで絶大な人気を誇るのも頷ける話ですよね。

　日本人に人気の観光地、ジヴェルニーのモネの庭にも竹コーナーがあるのをご存知でしょうか。もともと湿気の低いヨーロッパでは、竹はほとんど自生しません。だからこそ、庭園に植えるための植物として人気があるのです。園芸の店にいくと鉢植えに入った細〜い竹が結構な値段で売られているのは、日本人にはちょっと不思議な光景ですが……。

レリソン田島靖子（れりそんたじま・やすこ）
慶應義塾大学美学美術史学専攻卒。南仏エクサンプロヴァンス在住。東京での出版社勤務を経てフリー。月刊『美術の窓』（生活の友社）にて「ハリネズミのときどきパリ通信」連載中。海外書き人クラブ会員。

アメリカで進化した!?　湯葉を使った新たな麺料理
Text by Erika Maeda（アメリカ・サンフランシスコ）

　アメリカで寿司といえば、なんといっても「カリフォルニア・ロール」。サーモンやアボカドをご飯で巻いてマヨネーズをかけたひと皿を見ると、「寿司よ、ずいぶん遠くへ来たものだね」と語りかけたくなります。異国に伝われば日本人には思いつかないような進化を遂げるのが、食べ物の面白いところですよね。

　さて、そんな進化の新しい例をスーパーマーケットで発見しました。その名も「ユバ・ヌードル」。そう、豆腐を作るときにできるあの湯葉を麺として使った斬新な一品です。

　開封するだけで食べられるこの商品は、1食分で約8ドル（約900円）。「ごま味」と「スパイシー味」があり、温めても冷たいままでも食べられます。

　ごま味は、約7ミリの太さにカットされた固めの湯葉に、練りごまとたまり醤油のクリーミーなソースが絡んだ、コクのある味わい。スパイシー味は、アメリカ人が好きなテリヤキ味に辛味をきかせたソースでまとめてあります。

　食べてみると……うん、これは、おいしいソースをか

けた細切りの湯葉ですね。麺料理といわれると日本人の私にはちょっとピンと来ないのですが、これはこれで美味です。

　製造元の豆腐メーカー「ホド・フーズ」を経営するのはベトナムで幼少期を過ごしたツァイ氏。湯葉の魅力をアジア系以外のアメリカ人に伝えたいと、この商品を開発したそうです。

　米国ではグルテンフリー食品ブームが続き、小麦粉を使わない代替麺が求められています。ユバ・ヌードルが定着する日も近いかもしれません。

前田えりか（まえだ・えりか）
出版社で単行本や主婦向け雑誌の編集者として11年間勤務の後、アメリカ・サンフランシスコへ移住。フリーランスのライター・編集者として活動している。得意ジャンルは食、カルチャーなど。海外書き人クラブ会員。

切り絵に込めた日本人アーティストの想い
Text by Madoka Kado（パラグアイ・アスンシオン）

「どんな絵の具を使っているの？」

切り絵をひとしきり説明したあと、パラグアイ人からの意外な質問に困ったと言うのは、切り絵アーティストの立川いずみさん。

もともと紙に触れるのが好きだった彼女は、大学時代に切り絵を独学ではじめ、切り絵、仕掛け絵本、飛び出るカードなどを手がける多くのアーティストから刺激を受け、作品の肥やしにしたそうです。

繊細なカットの技術はいうまでもなく、彼女の売りはなにより立体感と南米で培われた色彩感覚。段ボールなどでいくつかの層を作り、絶妙な色のバランスで奥行きを出していきます。

パラグアイでひと旗揚げたいという夢をもった建築家のご主人の都合で、いずみさんは2015年にパラグアイへ。はじめての海外生活に戸惑い、故郷が恋しくなったときに生まれた作品には手を差し伸べてくれる人がいるのに、素直にその手をつかめないもどかしさや、心細い気持ちが投影されています。正だけでなく負の感情も作品にぶつけたいといずみさんは語ります。

日本の切り絵をもっとパラグアイの人たちに見てもらいたいと、今年からワークショップを開催。1回の開催で30名以上が集まる大盛況。苦労しながらも完成した作品を大切そうに手にとり、楽しげに記念撮影をするパラグアイ人。現在、いずみさんは自身の制作と同時に似顔絵や思い入れのあるものを切り絵で再現してほしいという依頼も受けています。

かど まどか
2016年よりパラグアイ在住。中学校英語教諭からフォトライターへ転身。心が動くもの、人にカメラを向け、ペンを走らせています。著書、東日本大震災ご遺族の手紙集『ハナミズキ』、中学校道徳教科書『ひまわり』執筆（光村図書出版）など。海外書き人クラブ会員。

占い、ゲン担ぎ、動物好き、だから「招き猫」が手放せない！
Text by Mori Jun（タイ・バンコク）

なぜこんなところに招き猫が？　と思うことがよくあるタイ。日本発祥の招き猫は、タイでもポピュラーな存在です。

びっくりしたのは、バンコクの街なかを走る路線バスのギア・カバーに使われているのを見かけたこと。商店や飲食店の店先に招き猫があるのは珍しくありませんが、市バスはだれもが使う交通機関ですから、商売繁盛を願うというよりは、運転手さんが猫好きだったのでしょうか？

実はタイにも、飲食店などが「ナーン・クワック」（招き女）という女性の置物を飾る習慣があります。もともとはインド起源の福の神のようですが、客を呼び込み商売繁盛というあたりは招き猫と同じなので、招き猫は、占い好きで縁起をかつぐタイ人気質に合っているのかもしれません。最近は日本に旅行に出かけるタイ人も増えたので、「ラッキー・キャット」（招き猫）は手頃な日本みやげとしても人気があるとか。

一般にタイの人は動物好き。現世で善行を積めば来世は幸せになれるという輪廻転生の思想もあり、

路上の犬や猫もかわいがります。マスコットにもなっている招き猫は、開運のお守り的なもののようです。

ところで、日本の招き猫は前足を上げていて、左足が「人を招く」、右足が「お金を招く」ポーズとされています。タイの招き猫は「おいでおいで」の日本スタイル。招き猫は中国ほか海外でも見かけますが、招くしぐさが違うアメリカなどでは、「ヘイ、カモーン！」のポーズになった招き猫も。うわさによると、タイには「タイ原産のシャム猫」の招き猫もあるそうで、街角で探して歩いています。

森純（もり・じゅん）
書籍・雑誌の編集者を経て、現在東南アジアを回遊中。マレーシアを中心に、東南アジアの社会や生活文化について寄稿している。元バックパッカーで、各地で見かける「変な日本語」ウォッチングが趣味。海外書き人クラブ会員。

メキシコシティで進む「リトルトーキョー計画」！
Text by Ritsuka Hasegawa（メキシコ・メキシコシティ）

Q.ラテンアメリカにおいて日本がはじめて組織的な移住を推進した国はどこでしょう？　A.メキシコ（1897年）

Q.日本がアジア以外ではじめて平等な条約を結んだのはどこの国でしょう？　A.メキシコ（1888年）

私たちの想像以上に深いつながりがある国メキシコ。その首都メキシコシティですが意外にも「日本人街」は存在していませんでした。そんなシティにおいて、近年日本をコンセプトにしたお店が立て続けにオープンした地区があります。それがシティの中心クアウテモック地区です。

日本人の血を引く若き起業家、エド・コバヤシが立ちあげた「ろかいグループ」がこの地区に和食店第1号を出店したのは2013年。グルメに一家言あるアッパークラスのメキシコ人たちを虜にしながら、飛ぶ鳥を落とす勢いで次々とビジネスを展開。立ち飲み屋や喫茶店など幅広く、昨年はその名もズバリ"Ryokan"というホテルまでオープンするほど。彼が「リトルトーキョー計画」と呼ぶこのムーブメントは現地情報誌の特集として取りあげられるほどの注目の的になっています。

この流れに日本のお菓子や雑貨を扱うショップも出店、実力派日本人シェフも進出するなどブームはとどまるところを知りません。すぐお隣に位置するフアレス地区にも日本かと見まごうような本格居酒屋やラーメン店が誕生、長蛇の列ができています。一部の日本ファンだけでなく幅広くメキシコ人に受け入れられる姿にうれしくなりますね。

長谷川律佳（はせがわ・りつか）
2010年よりメキシコシティ在住。現地旅行会社が発行する日本語・スペイン語月刊フリーペーパーの編集長を経て2015年よりフリーに。現在は書籍や雑誌、webにて執筆。海外書き人クラブ会員。

甘酒、酒粕に麹まで。米国にて発酵ブーム到来！
Text by Noriko Huntsinger（アメリカ・シアトル）

日本酒は英語ではSAKEと呼ばれ、和食とともにアメリカでもすっかり浸透。昔は「高級和食店で寿司と一緒に飲む酒」と、敷居が高いイメージがありましたが、ここ10年の居酒屋、回転寿司、ラーメン店の出店を経て、いまでは幅広い層に受け入れられています。シアトルでもアメリカ人による酒蔵が誕生しているほか、今年5月には日本酒専門バーも新しくオープン。健康志向のトレンドが続くアメリカで発酵グルメが注目されるなか、日本酒造りに使われる麹がスーパーフード、KOJIとして認知されています。

特に甘酒はAMAZAKEとして、どんどん知名度を高めているところ。「こんまりメソッド」の片付け術でネットTV番組が全世界でブレイク中の近藤麻理恵さんが毎晩愛飲するドリンクとしても知られています。

最近は、ラテアート文化を広めたシアトルのカフェでも、「甘酒ラテ」なるメニューを見かけるほど！　酒粕もまた地元レストランの人気シェフがこぞって料理に使っており、味噌に続くSAKE-KASUブーム到来の予感です。特にブラックコッド（ギンダラ）の粕漬けはもはやアメリカでは定番になりつつあります。

グルメだけではありません。美容界でも日本酒人気が上昇中。日本酒に含まれるコウジ酸が角質を除去し、メラニンの生成を抑えるといわれ、そのスキンケア効果が注目されているからです。化粧水はもちろん、美容液、洗顔料、入浴剤、ボディローションなど商品は多岐にわたりますが、特に手頃なフェイシャルマスクは種類も豊富にそろい、メジャーなコスメショップや量販店で購入できちゃいます。自宅で「日本酒風呂」を楽しむヘビーユーザーもいるようです。

ハントシンガー典子（はんとしんがー・のりこ）
アメリカ・シアトル在住。20年の編集・執筆経験を持ち、「エッセ オンライン」などで海外のライフスタイル、観光情報を紹介する。現地の日系コミュニティー誌編集長。フリーランスのエディター／ライター、翻訳家としても活動中。海外書き人クラブ会員。

かわいすぎてたまらん！ 香港で豆柴ブーム到来

Text by Miyuki Lynn（中国・香港）

日本のアニメや日本食が大好きな香港人ですが、最近、それ以外に人気のものがあるんです。それはなんと日本犬である柴犬と豆柴！ 香港在住の柴犬オーナーが集うフェイスブックグループのHK Shiba Inu Fans Clubや、柴犬DDちゃんをモデルにしたキャラクターグッズを販売するインスタ（フォロワーは13万8000）SHIBA.incなど、柴犬ファンは増加中。

とはいえ、香港では住宅や諸事情から家族世帯の10分の1しかペットを飼うことができません。そこで2013年にはじめて豆柴を日本から香港に連れてきたペットショップオーナーのチャン氏が考えたのはペットシェアというコンセプトの豆柴カフェ。香港人にも豆柴に接する機会を提供したいという思いから、日本の豆柴カフェを参考に2019年2月にオープンしました。

豆柴カフェに一歩足を踏み入れると、日本からやってきた15匹の豆柴と柴犬が愛くるしい顔でお出迎え。その姿を見ただけでキュンとなる利用者も多いはずです。一回のセッションは30分間で事前予約するか、20人の制限枠に余裕があれば予約なしでも

入れます。希望すれば延長も可能です。内装は豆柴のルーツを意識し、床に座って遊べる日本式。靴をぬぎ、両手を消毒すれば一緒に遊べます。

豆柴に慣れていない人でも経験豊富なスタッフのサポートのもとでふれあい体験をできるだけでなく、豆柴について詳しく教えてもらえます。

視覚や味覚から日本に魅力を感じる香港人のハートを今度は豆柴が愛らしさでギュッと掴んだようです。

りん みゆき
1994年より香港在住。雑誌、機内誌、情報誌の寄稿多数。「海外のいろんなマラソン走ってみた」著書「台湾・香港deワーキングホリデー」共著。オールアバウト香港ガイド、エイビーロード家族旅行ガイドなどのトラベルライター。海外書き人クラブ会員。

留学生も安心！ 豪州の大学にある「ジャパンソサエティ」

Text by Yukio Yanagisawa（オーストラリア・ブリスベン）

「海外の大学に留学すると、言葉も通じない異国の地でひとりぼっちで大変だろうな」

そう思う人もいるかもしれません。でも少なくともオーストラリア・ブリスベンにある2大大学ならだいじょうぶ。グリフィス大学には「Nakama（仲間）」、クイーンズランド大学には「Wasabi（山葵）」という名の日本人と現地学生（や卒業生）との交流組織があります。

現地学生は日本文化に興味を持つ人たち（伝統文化から、アニメやJ-POPまで、好きな分野は様々ですが）。なかにはかなり流ちょうに日本語を話せるオーストラリア人もいます（オーストラリアの小学校でも通常高学年から外国語を習うのですが、日本語を教える学校も多いです）。

さらに心強い存在もいます。子どものころ親に連れられてオーストラリアに移住、ずっと現地で教育を受けてきた日本人の大学生たち。英語で教育を受け、家では日本語を使う彼らは日本語と英語のバイリンガルというよりも、2ヶ国語のネイティブスピーカー。日本からの留学生と現地の学生との橋渡し役を

してくれます。

写真●Griffith University Nakama - Japan Society

ちなみに「Nakama」のほうは活動中のメンバーは約200名以上。あまり多すぎるのも交流しづらいということで人数制限をかけるようですが、「花見」「七夕」「肝試し」「コスプレ」などの日本風イベントや、飲み会、バーベキューには毎回50名ほどが集まる模様。留学先で日本人ばかりとつるむのはどうかと思いますが、ときには母国語で日本のことを話題にしながら大騒ぎするのもストレス解消にはいいようです。

柳沢有紀夫（やなぎさわ・ゆきお）
1999年よりオーストラリア在住。海外書き人クラブお世話係。新刊は海外の小学生たちの驚きの日常を集めた『ビックリ!! 世界の小学生』（角川つばさ文庫）。その他『値段から世界が見える！』（朝日新書）など、日本論・比較文化論やオーストラリア関係の著書も多数。

料理の名脇役
なのね

カラっとあがる
に世界の名
テンション

ニッポンの
じゃなきゃ
ダメなんだ！

今までのとは、
なにか
全然違う！

フライが
バツグンに
おいしくなったワ!

日本のパン粉
シェフのもあがる!

ニッポンの
パン粉一択
だワ!

海外から和食が注目を浴びて久しいが、その熱視線は調理法や食材にとどまらず、調味料など多岐に及ぶ。その代表例がパン粉だ。かつて海外から日本にやってきた舶来品だが、いまや日本のパン粉は、「Panko」という世界共通語になるほど注目を集め、その品質は海外から高く評価されている。では、日本のパン粉が世界水準を大きく上回った秘訣とはどんなものなのか。現在のソフトパン粉の原型を開発した富士パン粉工業株式会社に話をうかがった。

Text by Yukihiko Shino

世界共通語になった「パン粉」のルーツは

2012年5月、オックスフォード英語辞典に「Panko」が英単語として採用された。このPankoとはコロッケやとんかつ、エビフライなど日本人にはお馴染みのフライで使われる「パン粉」のことだ。日本のパン粉が欧米を中心に海外で大人気だという。欧米のスーパーマーケットでは当たり前のように買うことができ、家庭のキッチンにパン粉が常備されていることは珍しくない。

南米ペルーではレストランのメニューに日本と同じパン粉を使った料理という意味で「〜アル・パンコ」という表示をよく見かけるそうだ。わざわざパン粉と表記するほど現地でのパン粉人気は高い。揚げたてのあのサクッとした食感がクセになり、パン粉の虜になる人が増え、その人気は今や世界中に及ぶ。しかし、このパン粉、じつは日本で生まれたものではなく、その起源はヨーロッパにある。

パン粉を使った料理の起源は、豚肉や牛肉をパン粉の衣で焼いた「シュニッツェル」だといわれている。なかでも牛ヒレ肉を使ったウィンナーシュニッツェルは、オーストリアのウィーンに古くから伝わる名物料理である。薄く切ったヒレ肉を叩いて伸ばし、下味をつけて小麦粉、とき卵、パン粉をつけて焼く。昔のシュニッツェルはビスケットや乾パンを砕いた粉末を衣として使用、現代のソフトなパン粉を使った衣と比べ、サクサクとした軽い食感ではなかったといわれる。

また、欧米における伝統的なパン粉としてブレッドクラムスがある。フライ料理を作るときはもちろん、感謝祭やクリスマスといったイベントになると、七面鳥や豚を丸焼きにして食べる習慣があり、お腹のなかに食材を詰める際の緩衝材としてブレッドクラムスが使われる。欧

米の食文化から生まれたパン粉は、この2つが主なルーツといえる。

はじまりはシェフの手作りだった

そんなパン粉が日本へ伝わったのは、欧米諸国の食文化が日本へと広まった明治時代だ。洋食を提供するレストランが町にできると、コロッケやフライといったパン粉を使った料理が並ぶようになった。当時はビスケットや乾パンを砕き、粉末にした輸入パン粉が主に使われていた。それらは固い素材を粉にしているため、揚げたときのでき具合はどうしても固く、現在のようなソフト系のしっとりとした食パンを使用した軽い食感にはほど遠いものだった。

加えて、輸入パン粉は高価で思うように仕入れることができず、レストランのシェフたちは自らパンを天日干しで乾燥させ、それをおろし金で砕いてパン粉を手作りしていた。これが日本独自のパン粉のはじまりだった。しかし、当時の洋食を提供するレストランは硬いフランスパンを主に使っていたため、外国産のパン粉と比べ揚げたときの食感に大差はなかった。

きっかけは経済不況とコロッケブーム

シェフたちによる手作りではなく、パン粉が専門業者によって製造されるようになったのは1907(明治40)年。日本ではじめてパン粉を製造したのは、丸山パン屋の創業者・丸山寅吉である。丸山は老舗の三河屋パン屋で住み込みの修業を3年間積むと、東京の八丁堀に丸山パン屋を創業した。しかし、すでに老舗や有名

パン粉に関する外国人のコメント①

- パン粉ってなに？ はじめて聞いたけど ← スーパーで売ってるよ、「Panko」
- 肉を卵液に浸したあとにつけるものはなに？ ← それがパン粉だよ
- 日本で売っているふわふわで粒が大きいのは今までなかったな
- パン粉とブレッドクラムス（海外のパン粉の名称）は違うの？　イギリス
- ↑パン粉のほうがブレッドクラムスより粒が大きいからサクサクして油もあまり吸わない　カナダ
- 魚のフライはおいしいね。ブレッドクラムスも好きだけど、パン粉は気分転換にいい
- ハイクラスなブレッドクラムスだね。揚げる油の香りをうまく残してくれるから、オリーブオイルを使って揚げると最高ですよ　イギリス
- パン粉は吸湿性がいいからブレッドクラムスを使うよりも衣がしなしなになりにくい。ブレッドクラムスだとすぐにしけってばらけてしまうから　アメリカ
- **日本のパン粉を使うと、ブレッドクラムスは使えないよ。味が全然ちがうから**　イギリス
- **日本のパン粉はフワフワで揚げものには最高だよ**
- 見た目がきれいだよね
- パン粉は仕上がりの見た目もいいし、食感がなんともいえない
- 日本のパン粉は普通より粒が大きくて、とってもサクサクした食感なんだよね
- **カラッとした揚がり具合がたまらない。友達にも勧めているよ**　イギリス
- **こっちのパン粉を使った揚げものに嫌気が差していたときに日本のパン粉に出会ったの。カラッと揚がって、サクサクしてて、ギトギト感がなくて、もうこれしか使えない**　アメリカ
- サクサク感もいいけど、こんがりとした揚げ色も食欲をそそるわ　アメリカ
- **日本のパン粉をはじめて使ったとき、その軽い食感に驚いたわ。ひと口噛んだときのホロホロと崩れるような衣のサクサク感は、洋風のパン粉では絶対再現できない。もうパン粉を愛しすぎているかもしれない**　オーストラリア
- **パン粉？ すぐれすぎて書ききれない。**
　魚もチキンもなんでもおいしく揚がるわ　アメリカ
- パン粉を売ってないんだけど、作り方を教えてくれない？　サウジアラビア
- パン粉なるものはこっちでは売っていない。自力で作れるの？　スウェーデン
- **パン粉が近所で手に入らないの！ 自宅で作れるの？だれか教えて〜**　イギリス

webサイト 『黄金の国ジパング』『どんぐりこ』『パンドラの憂鬱』『かっとびジャパン』『すらるど』『海外まとめネット』『あうとばーん』より

パン屋がひしめくエリアに、丸山パン屋が割って入ることは難しかった。そこで丸山が目をつけたのがパン粉だった。ホテルやレストランがパン粉を手作りしている手間を知り、それを専門業者として製造すれば商売になるのではと考えた。丸山は試行錯誤を繰り返して爪式の粉砕機を作り、小さなパン粉製造工場をはじめた。

製造開始当初の売れ行きは芳しくなかったが、忍耐強くセールスを続けた結果、次第に彼が作るパン粉への需要は高まっていった。明治末期までは競合他社もなく、丸山パン屋がパン粉市場を独占した。しかし大正時代に入ると、徐々にパン粉業界に参入するパン屋が増えていった。第一次世界大戦、関東大震災などによる景気悪化のあおりを受けながらもパン粉業界は生き残った。いや、むしろ不景気であることがパン粉の需要を高めていった。そこには当時の食料事情が関係している。

1929(昭和4)年、世界的な経済恐慌が襲うと景気悪化は深刻になった。生活費を切り詰める日々が続き、人々の生活は苦しくなるばかりだった。そんなとき、庶民の味方になったのが安価で買えるコロッケだった。10銭ほどで3個から5個も買えたので、庶民の食卓に並んだ。それだけでなく、子どもたちのおやつとしても喜ばれ、大衆はこぞってコロッケを買い求め、空腹を満たしていた。そのため、不景気で廃業を余儀なくされる企業があるなかで、パン粉業界は好調だった。そして1931(昭和6)年、パン粉業者の組合(現在の全国パン粉工業協同組合連合会)が誕生するまでにパン粉業界は成長した。

パン粉の量産化へ ヒントは〝お茶〟

やがて戦後の食料難でもコロッケは再び大流行。パン粉の需要はさらに急激に高まり、供給が追いつかない状況になった。そこで大規模な工業製品化に成功したのが富士パン粉工業だ。

「初代の小澤幸松がたまたま静岡へ旅行にいったときのことがきっかけでした」と話すのは現在の富士パン粉工業株式会社代表取締役社長小澤幸市氏である。

初代の小澤幸松氏は老舗パン屋の亀屋から暖簾わけされ、深川でパン屋を営んでいた。多くのレストランにパンを卸していると、厨房のなかでシェフが一生懸命パン粉を手作りする姿を目にした。人気のコロッケ用のパン粉を作っていたのだ。

「こんな手間のかかることをやっていていいのかと初代は感じたんですね。そんな大量のパン粉を手作りじゃ無理ですよ」(同氏)。

そんな折、幸松はたまたま旅行で訪れた静岡のお茶屋で茶葉作りを見せてもらった。そこで茶葉を専用の乾燥機にかけ、大量に乾かす光景を目にした。

「それを見て、われわれの業界はなんて遅れているんだと。初代はそう思ったわけです。そこでひらめいたんですね。茶葉でできるなら、パン粉に応用すれば、乾燥パン粉が作れるんじゃないかと」(同氏)。

幸松はお茶の乾燥機メーカーにパン粉専用の乾燥機を作ってほしいと直談判した。そしてメーカーとの共同開発で、日本初のパン粉専用の乾燥機が完成した。

この当時、一般的にレストランではフランスパンを乾燥させてパン粉を作っていた。しかし、もともとパン屋を営んでいた幸松は、柔らかい食パンを天日干ししてパン粉を作っていた。そ

パン粉の世界を劇的に進化させたソフトパン粉。その当時のパッケージ。この頃はパン粉の取引先にレストランなどが多く、工業製品として大量生産に成功したことは需要と供給のバランスをとるのに大きな役割を果たした。

写真●富士パン粉工業

パン粉に関する外国人のコメント②

- テレビでシェフが絶賛していたから試しに使ってみたんだけど、すぐれものだわ。友達もみんなパン粉を使ってるわよ
- テレビの料理番組で有名なシェフがブレッドクラムスより全然いいっていうから使ってみたの。本当にカラっと揚がって、サクッとした歯ごたえが抜群だったわ！　　イギリス
- **私の主人はシェフなんだけど、日本のパン粉はこっちのものと比べものにならないほどおいしいって**　スコットランド
- 日本のパン粉を使うと、仕上がりがまったく違うからびっくり。息子の友人がシェフだけど、彼も絶賛していたわ　　イギリス
- **いろんな料理番組でパン粉が使われているのをみて買ってみたの。それ以来、パン粉オンリーよ。揚がり具合、揚げ色ともに文句なしよ**　アメリカ
- **こっちのセレブリティシェフはみんなパン粉をすすめているんですよね**
- 鶏肉でカツみたいなものを作ったことがあるけど、小麦粉をまぶしてから卵を絡めるなんて思いもしなかった！美しい
- ↑小麦粉は肉にくっつき、卵は小麦粉にくっつくんだ。で、パン粉は卵につくと
- 料理って食感も大事だと思うんだよね。レシピ通りにやれば、すばらしい食感になるよ
- 日本のパン粉を使ってスコッチエッグを作ったけど、とってもうまくできて満足しているよ　　アメリカ
- 揚げものはあまりしないけど、**パン粉を使うと最高の衣になるよね**　アメリカ
- 私は揚げものじゃなくて焼くときにパン粉を使うよ　　アメリカ
- ナスを焼くときにパン粉をつけてみろって　　アメリカ
- マカロニチーズのトッピングにパン粉を使うんだけど、絶品！　　イギリス
- 揚げものはしないけど、オーブンで焼く料理にはよく使うよ。ナスや鳥のムネ肉に使うとサクサクになっていいよ　　アメリカ
- パテを作るときにパン粉を使っているよ。形を作る前に食材のなかにパン粉を混ぜる。こうすると、パテの食感がすごくよくなるんだよね
- **ところでパンはすぐ腐るのに、パン粉って腐らないよな**
- ↑水分量が違うでしょ。パン粉の水分は乾パンぐらいだよ
- パン粉って当たり前だけど、パン粉を作るためにこねたり発酵させたりしてパンを焼くんだよな
- 日本のパン粉は耳がないパンで作っているから揚げものがサクサクになるんだと思う　　アメリカ
- **パン粉に使われている耳がないパンは空気を多く含んでいて粒が大きいから揚げものが軽くてサクサクの衣で覆われるんだ**　アメリカ
- **いや、耳がないパンから作るのではないと思う。パンではなくパン粉用のパンから作るんだって**

webサイト 『黄金の国ジパング』『どんぐりこ』『かっとびジャパン』『パンドラの憂鬱』『すらるど』『海外まとめネット』より

こでもっといい食パンを原料にし、パン粉専用乾燥機を使えば、さらにふっくらとソフトなパン粉を作り出せると考えた。こうして富士パン粉工業がはじめて世に送り出したパン粉は、現在の主流となるソフトパン粉の原型になった。

日本初のパン粉専用乾燥機の開発に成功した幸松だったが、特許は取らなかったという。全国にパン粉を作る会社はたくさんあるわけだから、これを普及させようという意図があったからだ。これにより同業者もソフトパン粉を製造、市場に出回るパン粉の品質はまたたく間に向上した。需要もレストランに限らず、家庭での使用も増え、パン粉業界はさらに発展した。

「ソフトパン粉を作る技術を磨き、改良を重ね、進化させていきました。戦後は乾燥パン粉の比率が高かったですが、流通技術の発達もあって、今では生パン粉の比率がかなり高くなりました」（同氏）。

海外の業者には わからない「こだわり」

パン粉ははじめ、店頭やレストランで出すフランスパンや食パンを乾燥させ、それを砕いて粉末にしていた。技術開発が進んだ現代ではパン粉ができるまでの工程はパンを作るそれとはまったく異なるまでに進化している。「パン屋さんはパン粉屋さんにはなかなかなれないんです。というのもパン粉屋はパンを作るのとは全部真逆なことをしなければいけないんです」と小澤氏は話す。

通常、パン屋はしっとりと口どけよく柔らかいパンを目指して焼くが、パン粉用はまずここから違う。パン粉用のパンは粉砕機にかけても形が崩れないようにしっかりと作られており、砕いたあとで柔らかくなるように焼き方や仕込み方を調整している。パンは焼ければ完成だが、パン粉は焼いたあとからパン粉を作る作業にな

るのだ。焼きあがったパンを粉砕機にかけて砕き、乾燥パン粉や生パン粉にする。パンとして市販されるものを粉砕機にかけると、柔らかすぎてつぶれてしまい、パン粉の形にはならない。この絶妙なさじ加減が難しいという。

「うちはもとはパン屋でしたが、パン粉部門を独立して作り、パン粉のために専門に研究開発を続けたからこそ、今があります」（同氏）。

小澤氏には技術指導で世界各国を回るなかで感じたことがあった。

「ニュージーランドやメキシコ、アメリカ、タイ、中国に行きましたが、彼らはそもそもパン粉用のパンを作るという発想がありません。あまったパンを使えばいいと」（同氏）。

各国の技術者にパン粉を作らせると、パンを焼くときに粉砕しやすいように固く焼いて作ろうとする。固く焼いたパンを砕いて乾燥させるとさらに固くなってしまうが、彼らはそこを気にしない。

また粉砕機も同様のところがあるという。「向こうの人たちが使っている粉砕機は、『パンを削れればいいんだろう？』という感じの粉砕機なんです」（同氏）。

富士パン粉工業が長年の開発で培ってきた、繊細な部分が海外の技術者たちにはまったく欠けていた。

「パン粉はすべてが日本で編み出されたといっていいくらい、機械も製法もメイド・イン・ジャパンです。海外の人たちがいくら頑張っても日本のパン粉のような食感は出せないでしょう」と小澤氏は証言する。

海外での技術指導だけでなく、海外から技術者が富士パン粉工業の工場見学に訪れることもあった。その製造工程を見た彼らには、それが無駄に見えるそうだ。

「彼らからすると、なぜこんなに無駄なことをするんだと。こんなに時間をかける必要があるのかと感じるようです」（同氏）。

しかし、その細かい部分こそが、できあがりの違いを生み出すことを彼らは理解できないのだ。そんな彼らもお店で出されたトンカツの衣

パン粉に関する外国人の反応③

◉トンカツの衣が紙のように薄いぞ！

◉僕はカツが大好きだ！　特にチキンカツが好きなんだけど、サクサクの柔らかいトンカツはまだ食べたことがないから、すごく興味があるよ

◉最後に最後に日本を訪れてからもう4年になるかな。トンカツが恋しくてたまらないよ

◉もし、レシピにパン粉って書いてあったら、普通のブレッドクラムスを使ったら絶対にダメだよ。仕上がりが全然違ってくるからね

◉チキンカツを作るなら絶対にパン粉だね

◉いつも揚げている間に衣がはがれちゃうんだけど、どうやって防げばいいんだろう

↑日本のパン粉を使えばいいんだよ

◉油の温度は何度で何分間揚げればいいの？　友人のために自分で作ってみたいから。だれか教えて

◉ほかのすべての日本食と同じように、おいしく作るには見た目以上に複雑な工程が必要なんだね アメリカ

◉なんでトンカツを切って出すの？ 切らないで豪快に食べることも可能なのかな？

◉私は包丁でトンカツを切るときの音が好きだ（笑）

◉なんてこった！　お肉をカットしたときの音がすごくいい！サックサクやんけ 香港

◉俺はカツ丼を頼んで、友達はとんかつ定食。どちらもおいしくて衣はサクサクなんだぜ

◉トンカツを作って4年になるけど、いつも衣をつけてから揚げる前に45分ほど寝かせているよ。そうしたほうが仕上がりがもっとサクサクになる気がするんだよね

◉私の日本人のおばあちゃんはいつもコロッケ作ってくれたよ。ほとんどの揚げものにパン粉を使っていたよ

◉残りもののフライドチキンと自分で作ったパン粉でコロッケを作った。最高だった！ マレーシア

◉夫が釣ってくる魚に使うの。魚にも合うのよね、パン粉

◉エビフライって天ぷらじゃないの？

↑同じだよ。ただ言い方が違うだけだよ

↑いやいや、エビフライはパン粉で揚げるものをいうんだよ。天ぷらは小麦粉

◉カキが苦手な人もカキフライはもってこいだよ。**サクサク衣がカキを柔らかくして臭みをとってくれるんだよ**

◉カキは苦手だけどフライなら話は別だよ

◉なんで衣をつけると、食材がセクシーに見えるんだろう

◉なんで日本料理を見るとこんなにヨダレが出てくるんだ アメリカ

◉マジで思うんだけど、なんで日本人はフライを食べてもニキビができないんだろう

webサイト『黄金の国ジパング』『海外のお前ら』『海外反応！ I LOVE JAPAN』『キキミミ』『ニッポンの翻訳』『すらるど』『どんぐりこ』『かっとびジャパン』『パンドラの憂鬱』『海外の反応プリーズ』より

を見れば感動を覚えるという。

「高級なトンカツ屋さんでは、パン粉の花が咲いているとか、独特な表現をします。こういう技術を支えているのが日本のパン粉です。海外のフライの衣は目が粗くガリガリしています。でも日本のパン粉は花が開いて、ソースをかけてもサクサクです。そうしたなかに料理人の技術があるように、パン粉を作る人の技術もあるんです」(同氏)。

技術指導でいくら説明しても理解できない繊細な技術は700というパン粉の種類の多さにもあらわれる。

「うちの会社に来て、種類の多さにみんな驚きます。そんなに作ってどうするんですかと。世界のパン粉メーカーはおそらく5種類くらいでしょうね。でも我々からすれば取引先のメーカーそれぞれで細かく仕様が違うので当たり前なんです」(同氏)。

最後の決め手は職人の技

パン粉作りの細かい部分を理解せずに、形だけをコピーされることもある。

「うちのパン粉を中国にコピーされたことがあります。うちとそっくりなパン粉なんですが、中身は全然違いました」(同氏)。

機械をすべて買い揃え、工程もレシピも覚えたとしても、それで作れるほどパン粉は甘い世界ではない。

「パン粉の工程には人が施す技がとても多いんです。私たちも自動化を進めた時期がありましたが、うまくいきませんでした」(同氏)。

工程を管理する機械は当然あるが、微妙な差異は人間が管理しなければならない。気温、湿度、その日の天気によって、仕込み方はすべて調整する必要がある。自動化によって65点の仕込みができたとしても、85点以上という

のは難しいという。

「高級トンカツ屋の大将は、パン粉をちょっと触っただけで『あ、返品』といいます。わかる人には、それだけでわかってしまうんです。トンカツ屋さんがトンカツに命をかけているように、われわれもそれに見合うものを命がけで納めなきゃいけません」(同氏)。

こだわり抜き改良を重ねてきたパン粉だからこそ、あのサクサク感を可能にし、世界中の人々を魅了する。その匠の技を可能にする細部へのこだわりは、まさに日本のものづくりの真髄だ。

ただし、一方で多くの製造業と同じように国内のパン粉業界は危機的な局面にある。

「全国パン粉工業協同組合連合会は、私が業界に入った頃は42社でしたが、現在は34社です。確実にガラパゴス化しています。この火を消してはいけないとわれわれも必死に努力しています」(同氏)。

日本人のこだわりがつむいだパン粉がより世界の人々に愛されるため、パン粉業界のさらなるグローバルな発展にぜひ注目したい。

それとともに、日本の消費者もまた外国人と同様にこれほどまでに繊細な技術がパン粉に注がれ、メーカーが多様な商品を製造しているという事実を知る人は少ないだろう。フライを作るときにコロッケ、トンカツ、エビフライなど食材によってその種類を使いわけるだけで、より美しいビジュアルと風味、食感を楽しむことができる。まずは料理の名脇役パン粉を選ぶところからはじめてみてはいかがだろうか。

取材協力

富士パン粉工業株式会社

1950(昭和25)年設立。初代小澤幸松氏によって世界初ソフトパン粉の工業製品化を達成。以後、パン粉の開発研究を重ね、現在では700種類以上のパン粉を製造販売。現社長小澤幸市氏によって宇宙でも食べられるパン粉を開発。これにより宇宙でもトンカツが食べられるという。

参考文献

『パン粉百年史』(全国パン粉工業協同組合連合会発行)

PROFILE

篠 幸彦(しの・ゆきひこ)

1984年、東京都生まれ。ライター。編集プロダクションを経て実用系出版社に勤務。2011年よりフリーランスとなり、多数の単行本の構成・執筆を行う。著書に『長友佑都の折れないこころ』(ぱる出版)、『100問の"実戦ドリル"でサッカーIQが高まる』(東方出版)など。

\ うまく使えば、もっともっとおいしくなる。 /

料理の名バイプレイヤー・パン粉の世界

富士パン粉工業株式会社が製造販売するパン粉は約700種類。納め先の仕様が異なるなど細かな事情はあるが、バラエティに富んだラインナップである。ここではそのなかから家庭で馴染みがあるパン粉とその用途を紹介する。

焙焼式乾燥パン粉

パンを粉砕し乾燥させたパン粉。生パン粉より賞味期限が長い。ムラがないように薄く広げて、霧吹きで水をかけると、生パン粉になる。

グラタンや**コロッケ**、**ハンバーグ**といった練りもののつなぎに最適。

焙焼式生パン粉

パンを粉砕したもの。乾燥パン粉より衣がつきやすく、ふんわりソフトなできあがりが特徴。

エビフライや**トンカツ**など揚げものに適している。

焙焼式とは……発酵させたパン生地を食パンと同じようにオーブン窯で焼きあげる製法。香りとコクがあり、風味豊かであるのが特徴。トンカツやメンチカツのような肉類に合う。

電極式生パン粉

電極式とは発酵させたパン生地を電極板で挟み、電気を通して焼きあげる製法。西日本で多くみられる。蒸したように焼き色にムラがなく、針のように剣立ちがいい。

香りに癖がないので、**カキフライ**や**アジフライ**など魚介類と相性がいい。

セミドライパン粉

乾燥パン粉と生パン粉の中間機能を備えたパン粉。フライを大量に生産する際、機械で衣をつけるのに適する。

一気に大量生産される揚げもの

カラーパン粉

着色料を加えたパンを粉砕したもの。フライを短時間で仕上げることが可能であり、時間が経っても退色しにくい（冷めてもおいしそうにみえる）点が特徴。

お弁当に入れるフライなどに最適。

ミックスパン粉

焙焼式パン粉と電極式パン粉が任意の割合でミックスされたパン粉。焙焼式の風味と電極式の剣立ちのよさ、その両方をいかせる。

主に**チルド商品**に使用される。

ハーブパン粉

乾燥パン粉に香辛料がミックスされたもの。パン粉自体に味つけされているため、料理の手間が省ける。

ムニエルや**淡白な魚のフライ**に適する。

ブレダーパン粉

焙焼式や電極式とは異なる富士パン粉独自の製法で作られたもの。生地をロール状に伸ばし、オーブンと高周波で加熱、焼成、粉砕、乾燥したアメリカンタイプのクラッカーパン粉。衣につきやすく、食感がクリスピーなのが特徴。

ナゲットなどに使用。

クルトン

焙焼式で焼いたパンをさいの目状にカット、乾燥させたもの。

サラダや**スープ**の**トッピング**に使われる。

第24回

文化の違いを見せつけるパワー！

飛行機とアレルギー

　米国内を飛行機で移動していたときのこと。その飛行機は乗客が40人ぐらいしか乗れない小さな飛行機だった。

　ゴルフの試合は都会から離れた土地で開催されることが多いため、私は大空港から小型機による近距離フライトに乗り継ぐこと、しばしばだった。それゆえ今さら小型機に驚くことはなかったのだが、この日は、初めての体験に少々驚かされた。

　飛行機が離陸し、そろそろ飲み物とスナックの機内サービスが始まるなあというタイミングになったとき、CAによるこんなアナウンスが流れたのだ。

「本日、このフライトにはピーナッツ・アレルギーのお客様が搭乗されているため、機内サービスでピーナッツの提供はできません。当機に搭載しているスナックはピーナッツのみのため、本日の機内サービスは飲み物だけとなり、スナックの提供は一切ありません」

　実を言うと私は、この便の前の便が大幅に遅延したため、この便への乗り継ぎ時間がほとんどなくなり、ほぼ走り込みで乗り込んだ。だからお腹も空いていたし、喉も乾いていた。

　米国内の近距離フライトとなると小袋入りのスナックしか出てこないのだが、食べる時間がなく、食べ物を買う時間すらなく、空腹のまま必死に乗り継いだときなどは、そういうスナックだけでも結構待ち遠しいものだ。

　しかし、ピーナッツ・アレルギーの人が乗っているからピーナッツが提供できないという事情は、そりゃあ頷ける。だが、ピーナッツ以外のものを一切積んでいないから出すものがないと堂々と主張した姿勢には、ちょっぴり首を傾げてしまった。

「それなら、あらかじめクッキーぐらい積んでおいてくれたらいいのに……」

　そう思いながら、バッグの中になにか別のスナックが入っていなかったかしらと漁り始めると、ほかの乗客も自分の持ち物をガサガサとやり始めた。

　すると、その動きを察知したのか、再びCAのアナウンスが流れた。

「このフライトにはピーナッツ・アレルギーのお客様が搭乗されていますので、バッグの中などにご自分のピーナッツをお持ちの方々、決してピーナッツを取り出したり食べたりしないでください」

　狭い機内は一気に静まり返った。ピーナッツが提供されないことに文句を言う人は1人もおらず、バッグの中をガサガサ漁っていた手もピタリと止まり、出されたドリンクだけを、みな静かに飲んでいた。

少数者、弱者への思いやり⁉

　そうやって少数者や弱者を尊重し、守ろうとするところは、アメリカの素晴らしさのひとつだなと思った。しかし、そうかと思えば、その逆の経験をしたこともあった。

116

やはり米国内の飛行機に乗り込み、出発を待っていたときのこと。私の隣に米国人らしき若い女性が座ったのだが、よくよく見ると、その女性は小さな犬を腕に抱いていた。

目の不自由な人が盲導犬と一緒に飛行機に乗る場面は何度も見たことがあったが、腕に犬を抱いている人と機内で出会ったのは初めてで、少々ビックリさせられた。

私は動物嫌いではないのだが、アメリカ生活をしているうちにアレルギー体質になり、動物の毛でアレルギー反応を起こすことがある。長時間のフライトの間、至近距離に動物がいる状態に置かれたら、アレルギー反応が起こるかもしれない。恐怖に駆られた私はCAに歩み寄って事情を伝えた。するとCAはこう言った。

「空港でチェックインする際に毎回ドクターからの診断書を提出すれば、あなたの近くに動物が来ないよう、事前に調整することができます」

つまり、診断書を持っていない今は、どうすることもできないという意味だった。聞けば、私の隣席の女性が抱いている犬は、心のケアをするための「サービスドッグ（癒し犬）」だそうだ。その女性は閉所恐怖症などの理由で飛行機が苦手だが、「この犬が一緒なら耐えられる」という内容が記された診断書を搭乗前にちゃんと提出しているという。

ドクターも驚く文化の違い

診断書がすべてだと言われたら、なんだか急に淋しい気持ちになった。たった1人のピーナッツ・アレルギーの乗客のためを思って乗客全員がピーナッツもスナックも黙って我慢したのは、思いやりではなく、万が一を想定した訴訟対策的なものだったのだろうか。

そう思うと少々乾いた気持ちになったのだが、ドクターの言葉や指示や書面を絶対視するところは、いかにもアメリカらしい文化だと納得もできた。

しかし、そのドクターもビックリさせられる

すごい文化がアメリカにはある。

私の高校時代の級友で、今では日本の大学病院で外科の教授になっている偉いドクターがいる。最近は学会出席や講演のため、世界各国を駆け回っている様子。その彼がロサンゼルスに立ち寄った際、ホテルの目の前にあった「なんちゃって日本食」に足を運び、たいそうビックリさせられたという。

「日本人には驚きの名前の寿司があった！」

ドクターがメールで送ってきたのはメニューの写真だった。色とりどりの不気味なお寿司が並び、その下には「Heart Attack（心臓病）」「Monkey Brains（猿脳）」といった文字が並んでいた。

英語とともに漢字の表記があるのだから、経営者は中国系だろう。ともあれ、お寿司に「心臓病」と名付ける感覚は日本人にはまずないわけで、「なんちゃって日本食」に見て取れる国民性や文化の違いは、ときとして冷静なドクターをも仰天させる強烈なパワーを持っている。

さすが「なんちゃって日本食」！ このコラムをずっと書かせてもらっていることを、あらためて誇らしく思った出来事だった。

PROFILE

舩越園子（ふなこし そのこ）
ゴルフジャーナリスト。東京都出身、早稲田大学政経学部卒業。百尊店、広告代理店勤務を経て1990年にフリーライターとして独立。93年渡米以来、日本の新聞、雑誌、ウェブサイトなどへ執筆し、講演やテレビ、ラジオでも活躍。2019年から拠点を日本へ移し、武蔵丘短期大学で客員教授を務めるなど活動の幅を広げている。「王者たちの素顔」（実業之日本社）など著書訳書多数。最新刊は「TIGER WORDSタイガー・ウッズ復活の言霊」（徳間書店）。

第13回 ハーフ美歴女 加治まやは 日本史がお好き!

加治 まや

1988年10月14日生まれ、バングラディッシュ×日本のハーフ。江戸文化歴史検定2級を持ち、全国の神社仏閣を巡り御朱印採集をするほどの歴史好きモデル。最近では歴史の知識を活かし、クイズバラエティ番組「Qさま」に出演している。

『江戸も令和も変わらぬ、日本人の感覚』

絵画で江戸の人々とシンクロ

　歴史の勉強をしていると、この時人々はどういう気持ちだったのだろう、一体なにを感じなにに心を震わせたんだろう、私もその気持ちを感じてみたい！と思う瞬間がある。当時の人々が書いた日記や文章からそれらを具体的に知ることはできる。しかしそれがなにかわかったところで江戸時代とは環境がまったく違う現代。同じ出来事を体験することも同じ気持ちを感じることもなかなか難しい。そんななか、彼らと気持ちをシンクロさせる方法がひとつある。それはその時代に描かれた絵画を鑑賞すること。彼らが美しいと、可愛いと、面白いと思い、描いたであろう絵画を目の前にした時、私たちは一体なにを感じるのだろう？　もしそこでそれらの作品を見て面白いと思ったなら、それは当時の人たちと気持ちがリンクしたということじゃないかしら？　それってとってもワクワクする。

　江戸時代の絵画にはただ対象を描き出し

図1　長沢芦雪『降雪狗児図』写真●逸翁美術館

ただけではなくそのなかにユーモアや可愛さを盛り込んだ作品が多くあり、現代に生きる私たちの琴線に触れるにはもってこいだと思う。さて、それでは百聞は一見にしかず、さっそく江戸時代のオモシロ絵画を見てみよう！

江戸時代のゆるカワ作品

　まず紹介したいのが江戸時代のカワイイ逸品。長沢芦雪という画家の「降雪狗児図」（図1）という作品だ。背景の描かれていない画面に2匹の仔犬が配置されたこの絵は江戸時代半ば過ぎに描かれたもの。超絶カワイイ！である。こちらを向いている白犬の絶妙な表情たるや……言葉に表せない愛くるしさと生まれて初めて見る雪に「？」の顔。ハナマル100点。隣のお姉さん座りポーズの白黒犬は雪には興味なさげにこうべを垂れている。その表情を見て取ることはできないが、地面に鼻を近づけてクンクンしている様子が想像に難くなく、きゅんとしていつまでも眺めてしまう。なんだかSNSで流れてくる子犬の動画を延々と見ているときの気持ちに似てるかも……。

　こんなにゆるカワな画面作りをしている長沢芦雪だが、下級藩士の家に産まれながら京で巨匠・円山応挙の弟子になったという経歴の持ち主。師の技術を強く受け継いだ彼は忙しい応挙の代わりに多くの作品を描き、世にその名を轟かせたようだ。この子犬たちもサラッと描かれているよう

に見えるが、通常の日本画における黒い縁取りの線を描くことなく犬の輪郭を表現していることから油絵風とも呼ばれ、彼の高い技術力を見て取ることができる。このように、江戸の絵画には見るだけでも楽しいし、知っているともっと楽しい！という作品がたくさんあるのだ。

次に紹介したいのが「すたすた坊主」（図2）と呼ばれる作品。白隠慧鶴（はくいんえかく）という人物が描いた絵だ。詞書によると「布袋 どらを ぶち すたすた坊主 なる所」と書かれている。なんとこのファンキーなおっちゃん、私たちもよく知る布袋さんだったのだ！ すたすた坊主とはこの作品の作者である白隠が生きた時代によくいた、代参り（本人の代わりに寺社に参詣すること）をするという名目で各家を回って施しを受けていた下級の宗教者のこと。道楽を続けるとすたすた坊主みたいになっちゃいますよー、という教訓を説いたような絵なのだが、その表情は人生を謳歌しているようにも見えて興味深い。お坊さんでもあった白隠は一体この絵にどんな思いを込めたのだろう？

ビッグネームもカワリアル作品を

さて、もう一度動物に戻ってみよう。最近も若冲（じゃくちゅう）ブームなるものを巻き起こしたことで有名な伊藤若冲の作品である（図3）。色鮮やかで細密な花鳥画が有名な若冲だがこのような水墨画も多く残している。象と鯨を描いた屏風で、陸と海の覇者を描いたのではないかと言われている。この象さんがカワリアル。カワイイのな

かにリアルな象の姿が見える気がする。体型も眼の形もデフォルメされていて本物とは少し違うのだけれど、佇まいはたしかに象のそれ。日本には野生の象は生息していないけど、若冲は象の姿を見たことあったんじゃないかしら、とすら思う。これは想像でしかないのだが、実は若冲が12歳の頃、時の将軍徳川吉宗に献上されるためベトナムから象が来日したことがある。京都育ちの若冲が長崎から江戸への道中の象を一目見たかもしれない、なんて想像すると倍楽しめるのではないだろうか。

最後に見ていただきたいのは、夏にぴったり、ひやっとする幽霊の絵画だ（図4）。一言で言うなら「ヤバくない？」である。不気味を超えて面白いとも思える表情に私たちのよく知る幽霊やおばけの足のない表現。この時代から幽霊の表現変わってないじゃん！ すごい!! しかしこれを床の間に飾ろうと思った依頼主は一体どんな人だったのだろう……？ やっぱり飾るのは夏だけだったのかな？と想像がどんどん膨らむ。

皆さんは今回ご紹介した絵を見て一体どう感じただろうか？ カワイイ、うまい、怖い……ひとつくらい、江戸時代の人々と気持ちがシンクロした瞬間があったら嬉しいな、と思う。

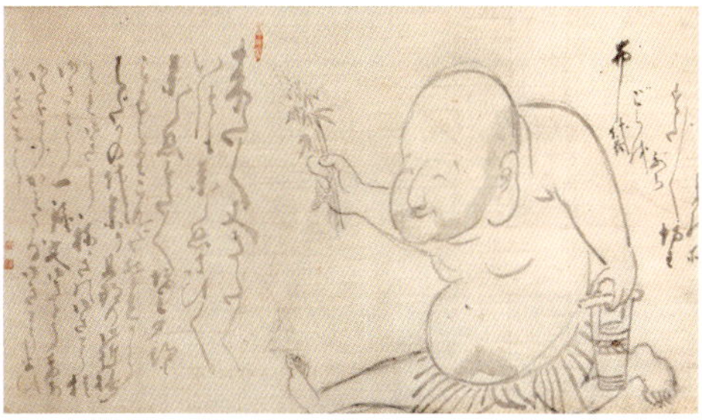

図4 祇園井特（ぎおんせいとく）『墓場の幽霊図』 写真●福岡市博物館所蔵 画像提供：福岡市博物館/DNPartcom

図2 白隠慧鶴『布袋すたすた坊主図』 写真●早稲田大学會津八一記念博物館

図3 伊藤若冲『象と鯨図屏風』 写真●MIHO MUSEUM

ジャパンあるある 画:二平瑞樹

Japan Aru Aru

すいか割り（愛媛県 伯方島）写真◉阿部高嗣／アフロ